應用社會科學調查研究方法系列叢書 19

解釋性互動論

Interpretive Interactionism

Norman K. Denzin 著

張君玫 譯

孫中興 校閱

弘智文化事業有限公司

Norman K. Denzin

Interpretive
Interactionism

Chinese edition copyright © 2000
By Hurng-Chih Book Co., Ltd..
For sales in Worldwide.

ISBN 957-97910-6-6
Printed in Taiwan, Republic of China

作者序

　　質化研究的社學科學文獻雖然很多，卻很少觸及「解釋的」存在性觀點（Douglas & Johnson, 1977; Kotarba & Fontana, 1984）。也很少有研究者應用這種觀點去探討互動者的個人苦惱和生活轉捩點。本書的研究正是為了彌補這個缺失。本書的段落很清楚，是為了讓人文學科的學子和學者能以比較輕鬆的方式來了解存在與解釋的研究法——事實上我和其他一些學者已經用這種方法從事質化研究多年了。

　　在《社會學的想像》（The Sociological Imagination）一書中，米爾斯（C. Wright Mills, 1959）敦促人文學科學者要發展自己獨特的觀點和方法論態度，以探討個體層次的私人苦惱——這些苦惱發生在個人當下的生活經驗中——如何關聯到公共議題和公眾對這些議題的回應。米爾斯的社會學想像既是傳記的、互動的也是歷史的。可惜的是，儘管這本書影響力很大，在方法論上卻沒有得到相對迴響，關於這種理論和方法如何可能，始終沒有受到充分討論。以此而言，本書也算繼承米爾斯

的遺志。

　　我在此要提倡的觀點叫做「解釋互動論」（interpretive interactionism）。這個詞聽起來有些拗口，但目的很清楚：把一般人關鍵的生活體驗介紹給讀者。事實上，每個互動者都在解釋他們的世界。解釋互動論的方法很廣，包括問題開放的、讓受訪者自由發揮的訪談；文件分析；記號學研究；生命史研究；個人經驗和自我故事的研究；參與觀察以及深度描述。

　　「解釋互動論」這個詞，就如上述各項方法所指出的，有意統合以下幾種路線：傳統的符號互動論（Blumer, 1969）、參與觀察和民俗誌（Becker, 1970; Lofland & Lofland, 1984; Adler & Adler, 1987; Agar, 1986; Fielding & Fielding, 1986）、記號學和田野工作（Manning, 1987）、後現代的民俗誌研究（Turner & Bruner, 1986; Clifford & Marcus, 1986）、自然主義的研究（Schatzman & Strauss, 1973; Lincoln & Guba, 1985; Patton, 1980）、創意訪談（Douglas, 1985）、個案研究方法（Stake, 1986; Yin, 1985），海德格（Heidegger, 1927〔1962〕, 1982）和迦達瑪（Gadamer, 1975）的解釋的解釋學與現象學作品、豪爾的文化研究取向（Hall, 1980），以及近年來女性主義對實證主義的批判（Cook & Fonow, 1986）。

　　讀者如果想對本書的背景有多一層認識，可以參見以下著作：《做研究》（The Research Act）（Denzin, 1978, 1989）、《如何了解情緒》（On Understanding Emotion）（Denzin, 1984）以及我對美國酗酒者的三篇研究（Denzin,

1987a, 1987b, 1987d）。

本書的結構

　　《解釋性互動論》共有七章。第 1 章將定義此一研究取向，並解釋基本的預設和名詞。我會比較這個觀點和社會科學中傳統的量化方法。也會比較解釋互動論和法蘭克福學派的「批判理論」，並指出解釋互動論和女性主義思潮的親近性。我把這種觀點定位在米爾斯的《社會學的想像》所建立的傳統之中。

　　第 2 章所要討論的是，如何捕捉有意義的、自傳性的經驗。第 3 章介紹解釋的過程。第 4 章處理的是研究者如何將解釋研究加以情境化。第 5 章分析深度描寫的方法。第 6 章的主題是如何做解釋。第 7 章是結論，總結本書的主要論點。我將強調本書研究的存在性格（existential nature），最後一部分是名詞解釋。

　　本書有三個基本預設。第一個預設是：人類的經驗世界中只有解釋。其次，把這些解釋呈現給別人乃是值得一試的做法。在呈現的同時，就產生了理解（understanding）。有了更好的理解，我們就能針對當前社會的議題做出更理想的因應措施。第三，所有的解釋都是不完全的，都是有討論空間的。這點也適用本書所提供的解釋。至於我所謂的解釋互動論究竟為何，端

賴讀者自己的解釋。

誌謝

　　我在此要感謝以下幾個人的協助。Leonard Bickman 最先提議我寫這本書,並在我寫作與修稿的過程中一路指導。沒有他,就沒有這本書。Debra J. Rog 和 Carl J. Couch 讓我受了很多苦——他們毀了我前兩次的初稿。不過,我想最後的這本書還是比較好的,因此這也要歸功於他們。David R. Maines 和我的數席談話幫我釐清了第 5 章的許多觀念。多謝 Robert Stake 對我早期初稿的意見,促使我對質化評估的研究採取了更明確的立場。1988 年我在伊利諾大學開了一門課叫「書寫解釋」(Writing Interpretation),修課的研究生幫助我釐清了我在本書第 1 章及第 7 章的論點。他們很有耐心,也很犀利。尤其是 Gary Krug,幫我釐清了「主顯節」(epiphany)的概念。感謝 Richard Louisell 和 Wayne Woodward 協助校對和建立索引的工作。感謝我的妻子,Katherine E. Ryan,容忍了我在寫作期間的情緒低落和火爆脾氣。她用幽默化解了我的衝動,讓我得以完成這個工作。

Norman K. Denzin

叢書總序

　　美國加州的 Sage 出版公司，對於社會科學研究者，應該都是耳熟能詳的。而對研究方法有興趣的學者，對它出版的兩套叢書，社會科學量化方法應用叢書（Series: Quantitative Applications in the Social Sciences），以及社會科學方法應用叢書（Applied Social Research Methods Series），都不會陌生。前者比較著重的是各種統計方法的引介，而後者則以不同類別的研究方法為介紹的重點。叢書中的每一單冊，大約都在一百頁上下。導論的課程之後，想再對研究方法或統計分析進一步鑽研的話，這兩套叢書，都是入手的好材料。二者都出版了六十餘和四十餘種，說明了它們存在的價值和受到歡迎的程度。

　　弘智文化事業有限公司與 Sage 出版公司洽商，取得了社會科學方法應用叢書的版權許可，有選擇並有系統的規劃翻譯書中的部分，以饗國內學界，是相當有意義的。而中央研究院調查研究工作室也很榮幸與弘智公司合作，在國立編譯館的贊助支持下，進行這套叢書的翻

譯工作。

　　一般人日常最容易接觸到的社會研究方法，可能是問卷調查。有時候，可能是一位訪員登門拜訪，希望您回答就一份蠻長的問卷；有時候則在路上被人攔下，請您就一份簡單的問卷回答其中的問題；有時則是一份問卷寄到府上，請您填完寄回；而目前更經常的是，一通電話到您府上，希望您撥出一點時間回答幾個問題。問卷調查極可能是運用最廣泛的研究方法，就有上述不同的方式的運用，而由於研究經費與目的的考量上，各方法都各具優劣之處，同時在問卷題目的設計，在訪問工作的執行，以及在抽樣上和分析上，都顯現各自應該注意的重點。這套叢書對問卷的設計和各種問卷訪問方法，都有專書討論。

　　問卷調查，固然是社會科學研究者快速取得大量資料最有效且最便利的方法，同時可以從這種資料，對社會現象進行整體的推估。但是問卷的問題與答案都是預先設定的，因著成本和時間的考慮，只能放進有限的問題，個別差異大的現象也不容易設計成標準化的問題，於是問卷調查對社會現象的剖析，並非無往不利。而其他各類的方法，都可能提供問卷調查所不能提供的訊息，有的社會學研究者，更偏好採用參與觀察、深度訪談、民族誌研究、焦點團體以及個案研究等。

　　再者，不同的社會情境，不論是家庭、醫療組織或制度、教育機構或是社區，在社會科學方法的運用上，社會科學研究者可能都有特別的因應方法與態度。另

外，對各種社會方法的運用，在分析上、在研究的倫理上以及在與既有理論或文獻的結合上，都有著共同的問題。此一叢書對這些特定的方法，特定的情境，以及共通的課題，都提供專書討論。在目前全世界，有關研究方法，涵蓋面如此全面而有系統的叢書，可能僅此一家。

　　弘智文化事業公司的李茂興先生與長期關注翻譯事業的余伯泉先生（任職於中央研究院民族學研究所），見於此套叢者對國內社會科學界一定有所助益，也想到可以與成立才四年的中央研究院調查研究工作室合作推動這翻譯計畫，便與工作室的第一任主任瞿海源教授討論，隨而與我們兩人洽商，當時我們分別擔任調查研究工作室的主任與副主任。大家都認為這是值得進行的工作，尤其台灣目前社會科學研究方法的專業人才十分有限，國內學者合作撰述一系列方法上的專書，尚未到時候，引進這類國外出版有年的叢書，應可因應這方面的需求。

　　中央研究院調查研究工作室立的目標有三，第一是協助中研院同仁進行調查訪問的工作，第二是蒐集、整理國內問卷調查的原始資料，建立完整的電腦檔案，公開釋出讓學術界做用，第三進行研究方法的研究。由於參與這套叢書的翻譯，應有助於調查研究工作室在調查實務上的推動以及方法上的研究，於是向國立編譯館提出與弘智文化事業公司的翻譯合作案，並與李茂興先生共同邀約中央研究內外的學者參與，計畫三年內翻譯十八小書。目前第一期的六冊已經完成，其餘各冊亦已邀

約適當學者進行中。

　　推動這工作的過程中，我們十分感謝瞿海源教授與
余伯泉教授的發起與協助，國立編譯館的支持以及弘智
公司與李茂興先生的密切合作。當然更感謝在百忙中仍
願抽空參與此項工作的學界同仁。目前齊力已轉往南華
管理學院教育社會學研究所服務，但我們仍會共同關注
此一叢書的推展。

章英華・齊力

于中央研究院

調查研究工作室

1998 年 8 月

目錄

1

解釋的觀點

本章將界定解釋互動論作為一種觀點與方法的基本特色。我將討論以下議題：（1）關鍵字；（2）主顯節（epiphany）；（3）存在性的探究（existential inquiry）；（4）自然主義（naturalism）；（5）純粹與應用的解釋研究；（6）實證主義和後實證主義；（7）性別、權力、歷史、情緒以及知識；（8）解釋的判準，以及（9）解釋的議程。

本書的主題：如何進行「解釋互動論」（interpretive interactionism）的質化研究？解釋互動論的目的在於直接呈現生活體驗所構成的世界，引領讀者進入這個世界。解釋互動論努力於捕捉被研究者的聲音、情緒與行動。解釋研究的焦點乃是深刻的生命經驗，這些經驗徹

底改變或塑造了個人的自我概念，以及他（她）對自身
經驗所賦予的意義。

什麼時候適合使用解釋的方法

在我們正式討論本章的主題之前，必須先處理三個
問題。首先，何時應該使用解釋的方法？第二，如何應
用這種方法評估實用的方案，亦即為了處理「真實生活」
問題而設立的方案？第三，研究者要如何進行這種研
究？

解釋互動論並不適合每一個人。解釋互動論的研究
哲學是獨特的，和社會科學的傳統科學研究可謂是大相
逕庭。唯有傾向質化與解釋取向的人，才可能應用本書
所提出的方法。然而，也並非所有的質化研究者都會採
用這種方法。本書所提倡的方法只適合於，當研究者想
要檢驗個人苦惱——比如毆妻、酗酒等——以及因應此
問題而生的相關公共政策與公共制度之間的關聯性。解
釋互動論所關心的正是私人生活和公共對策之間的交互
關係。

在應用的層次上，解釋方法對於評估研究（evaluation
research）具有以下幾點貢獻（Becker, 1967, p.23）。首
先，解釋的方法有助於釐清各界對相關問題與方案的定
義。比如，我們可以運用解釋的方法，來了解受虐妻子
如何看待庇護所、救援專線，以及社會福利單位所設置
的其他公共服務。透過蒐集個人的經驗故事，並深度地

描寫當事人的實際體驗,研究者可以深入了解案主和社福人員的觀點,並加以比較。

其次,各個利益團體——包括決策當局、案主、社會福利人員,以及線上的專業人士——都有其先入為主的預設,而這些預設往往受到了經驗事實的扭曲;解釋的方法有助於釐清並糾正各方的預設(Becker, 1967, p.23)。第三,解釋的方法也有助於找出切入社會情境的策略性干預點。藉此改善與評估福利機構或方案的效能。第四,解釋的方法可以指出「各種不同的道德觀點」,以便解釋與評估相關的問題、政策或方案(Becker, 1967, pp.23-24)。由於強調實際的體驗,解釋的方法提醒我們,任何方案的評估都必須從相關當事人的觀點出發。第五,解釋方法提供了大量的質化資料與解釋素材,有助於突顯統計學與統計評估的侷限。由於強調個別生命的獨特性,解釋的方法主張,唯有從個案研究出發,方能確實檢驗應用方案的效果。

根據本書的應用焦點,可以推演出一個基本的命題:社會生活的關鍵特色在於解釋與理解的重要性。社會生活歸根究底無非就是解釋而已。換言之,日常生活的核心是個人,而個人無時不在解釋和判斷自己和別人的行為與經驗。很多時候,這些解釋與判斷乃是基於誤解。比如,個人往往以自己的經驗,去假想別人。很多疏困解難的社福方案正是建立在這種錯誤的解釋之上,比如,專為幫助精神失常與無家可歸者的社區服務、為酗酒者設置的戒酒中心、協助 AIDS 病患的醫療服務等

等。然而，這些方案的設計者往往並不了解當事人的經驗、意義與解釋。於是造成理解的鴻溝，甚至完全誤解了當事人的需要。這些方案之所以失敗，正是因為沒有考慮到當事人本身的觀點與態度。因此，人文學科以及應用社會科學責無旁貸，必須致力於釐清個人如何在實際的問題情境時，形成自己的解釋與理解，並賦予意義。在理想的狀況中，這方面知識也有助於評估種種因應個人苦惱而產生的疏困方案。如若想要創造實在而有效的應用方案，就必須充分掌握、解釋與理解當事人的觀點與經驗。此即本書的中心題旨。

如何使用解釋的方法

我所提出的方法包括以下程序。首先，針對研究所關注的問題式互動進行資料蒐集，包括深度描寫（thick description），以及相關的個人經驗故事。然後再加以解釋。本書第 2 章到第 5 章將詳細介紹資料蒐集的過程。說起來一點也不難。研究者傾聽並記錄當事人在團體中訴說的故事。然後配合開放式的創意訪談，讓受訪者暢所欲言（Douglas, 1985）。透過當事人在團體中訴說的故事與說明，便得出了深度的描寫與解釋。這樣的方法絲毫沒有任何神祕的色彩，每一個人都具備這種能力——亦即對話與傾聽的能力，包括自我的對話，此外，你必須記住別人告訴你的話，以及從旁的見聞。

解釋研究的起點與終點都是研究者本身的傳記與自

解釋性互動論

我。研究者所書寫的苦惱經驗，乃是他（她）所親身經驗或親眼見證的。正如大衛・桑德淖（David Sudnow, 1978, p.154）所指出的，「個人的觀點對於『什麼』是問題式的社會經驗（problematic social experience）具有絕對的重要性，而我要補充的是，個人的觀點對於這種經驗『如何』出現也同樣關鍵。我們的目標在於，對問題經驗進行『鉅細靡遺』（richly detailed）的描寫與說明」（Sudnow, 1978, p.154）。在這樣的過程之中，書寫者所能仰賴與借問的「唯有他（她）自己」（Sudnow, 1978, p.154）。從這個立場出發，得出了一個重要的洞見：唯有你才能書寫你自己的經驗，沒有任何人可以捉刀代筆，也沒有任何人能比你自己寫得更好，最重要的是你自己所書寫的內容。

• **字彙說明**

在此必須定義一些用語：

解釋的（interpretive）：解釋其意義的；亦即加以解釋，或賦予意義的動作。

解釋者（interpreter）：為別人解釋或闡述意義的人。

互動（interaction）：彼此應對的動作，有能力在必要時做出交互的行動。以人類的情形來說，互動乃是符號性的，亦即涉及語言的使用。人類的互動因此是一種「符號互動」（symbolic interaction）。

問題互動（problematic interaction）：這樣
的互動序列賦予了主體生命的根本意義。這些問
題經驗改造了個人看待自己的方式，以及他（她）
看待自己與他人關係的方式。在這樣的關鍵時刻
之中，一個人獨特的個性必然表露無遺。

解釋互動論（interpretive interactionism）：
這種觀點的主旨在於，賦予問題式符號互動
（problematic symbolic interaction）的意義。

綜合這些用語，解釋互動論者乃是解釋者，其所解
釋的內容乃是問題式的實際體驗，而這種經驗必然牽涉
到兩個以上之個人的符號性互動。

一個例子

下列的例子引自杜思妥也夫斯基（Dostoyevsky, 1864
〔1950, p.71〕）的名著《罪與罰》(Crime and Punishment)。
小說中的主角洛思科林克夫（Raskolnikov）在此犯下了
謀殺的重罪。

他的手因恐懼而無力，他感覺到雙手隨著時
間的消逝而逐漸麻木僵化。他怕自己手裡的斧頭
會一不小心滑落……他忽然感到一陣暈眩……沒
有多餘的時間了。他把斧頭高高舉起，握著斧頭

的雙手顫動著，幾乎已經感覺不到自己的存在，
幾乎毫不費力地，幾乎機械性地，斧背擊向了她
的後腦勺……老婦人好矮小……斧頭落在她的頭
顱上。她慘叫一聲，但是很微弱地……他又加了
一擊……血液逆流而出，宛如一杯被打翻的
水……他往後退……一直躲避著血的逆流，他不
想染上鮮血。

上述的描寫非常細緻。杜思妥也夫斯基用生動的筆
觸描繪了洛思科林克夫犯罪的現場，栩栩如生。他刻劃
了洛思科林克夫犯案時的想法與感覺。他呈現了每一個
細節。小說的其他部分則描寫了這個事件對主角洛思科
林克夫所產生的意義。這就是解釋互動論的目標——記
錄並解釋個人的經驗與意義。

解釋的傳統

本書所遵循的解釋方法統合了許多理論先輩的作
品，包括馬克思（Marx）、米德（Mead）、詹姆斯（James）、
皮爾斯（Peirce）、杜威（Dewey）、海德格（Heidegger）、
迦達瑪（Gadamer）、韋伯（Weber）、胡塞爾（Husserl）、
沙特（Sartre）、席勒（Scheler）、梅洛龐蒂（Merleau-
Ponty）、舒茲（Schutz）、巴特（Barthes）、德希達（Derrida）、

拉岡（Lacan）、吉爾茲（Geertz）、哈伯瑪斯（Habermas）、豪爾（Hall）、布魯默（Blumer）、別克（Becker）、高夫曼（Goffman）、葛芬科（Garfinkel）和史特勞茲（Strauss）。解釋的方法跨越了許多學科，教育、歷史、人類學、心理學、社會學、政治科學、英國文學和比較文學，以及哲學等等。

　　若以學派的名稱來說，則包括了解釋人類學、解釋社會學、解釋學（hermeneutics）、文化研究、現象學、符號互動論、民俗方法論（ethnomethodology），個案研究方法，以及芝加哥學派的社會學等。然而，切勿以爲這些學派所使用的是同一種解釋方法。在社會科學的應用領域之中，存在著許多不同的解釋觀點——包括批判、質化或自然主義的方法論。

　　有些解釋者的目標在於建立紮根理論（grounded theory）。有些則企圖找出普遍性的過程與概念（generic processes and concepts）。有些在解釋的領域之上架起了宏偉的理論結構，企圖建立一套全方位的理論（totalizing theory），來總括所有的人類社會、人類行爲與人類歷史。也有人建構理念型（ideal types），並使用「經驗適當性」（empirical adequacy）或「經驗效度」（empirical validity）等概念來檢驗他們的理論／解釋工作。有人企圖戒除任何主觀的概念，比如自我、意向、意義、動機，而尋找恆常與可做公開觀察的行動模式。他們企圖在對話與互動的日常生活中，亦即行動者視爲理所當然的日

常結構之中，去找尋這些固定的行動模式。倘若要討論人文學科裡的各種解釋取向，必須另外寫一本書。

然而，我並不打算寫這樣一本書。我選擇寫出我的解釋版本，並稱之為「解釋互動論」。我希望融合傳統的符號互動論、海德格的現象學，以及解釋學方面的傳統。此外，解釋互動論吸納了近年來興起的女性主義社會理論、後現代理論，以及米爾斯、沙特和梅洛龐蒂等人分別發展出來的「批判／傳記的方法」（critical-biographical method）。這種觀點的目標在於，研究與理解後現代時期（Mills, 1959; Baudrillard, 1983; Lyotard, 1984）的人類經驗。

開啟解釋的世界

解釋互動論顯然是一種質化的社會研究，其工作在於將體驗的世界直接呈現給讀者。如上所述，解釋研究的焦點在於那些深刻的生命經驗——這些經驗徹底扭轉或塑造了個人對自己及其生命未來的意義。這就是沙特所謂的「存在性的插入」（existential thrust）（Sartre, 1943〔1956〕）；反之，其他解釋觀點所處理的則是比較平常的，日常生活中理所當然的特質與預設（Garfinkel, 1967; Goffman, 1974; Johnson, 1977, pp.153-173; Douglas & Johnson, 1977, pp.vii-xv）。存在性的問題體驗將我們引

領到個人生命的「主顯節」（epiphany）。

主體的經驗和主顯節

　　個人生命中難以抹滅的互動時刻，比如杜思妥也夫斯基所描寫的謀殺情節，有可能徹底扭轉當事人的生命。這就是生命中的「主顯節」[1]。在這樣的時刻中，個人的性格被顯示出來，而表露無疑。藉著記錄這些經驗，研究者也闡明了當事人生命中的危機時刻。而當事人自己和別人往往會把這樣的時刻解釋為他（她）生命中的轉捩點（Strauss, 1959）。一個人在經歷了這樣的經驗之後，就不可能再和以前一樣了。

　　讓我再舉個例子，來說明主顯節的概念。在基督教的傳統中，1 月 6 日會舉行慶祝主顯節的活動，以紀念耶穌在異教徒面前的現身，而這些非猶太人的異教徒也就是聖經中前來祝賀耶穌誕生的東方三博士。因此，主顯節代表了基督教神祇的顯靈或啟示。以下是馬丁路德金恩（Martin Luther King, Jr，美國黑人民權鬥士）晚年的一個特殊時刻。1956 年 1 月 27 日，當時 26 歲的金恩接到了幾通威脅殺他的恐嚇電話。徹夜輾轉難眠，他獨自坐在廚房，思索著自己在蒙哥馬利公車杯葛事件中所扮演的角色，以及他在南方基督教領導聯盟中的領導地位。然後，他在內心聽到了耶穌基督的聲音。

　　金恩博士這樣描述：「我聽到了耶穌……他說他不會離棄我，他永遠也不會離棄我，我並不孤單。」在蓋羅

（David J. Garrow）最近出版的金恩傳記中，歷史學家
倫恩斯（Howell Raines, 1986, p.33）評論了上述的情節。

> 其他的傳記作家也注意到了這個情節，不
> 過，蓋羅先生提醒了我們，這是一個轉捩點，這
> 是金恩生命中最重要的一夜，在日後的歲月裡，
> 每當壓力變得難以承受，他就會回想起這段經
> 歷。

倫恩斯發現，金恩晚年不斷回想這個主顯節經驗，
並稱之爲「廚房裡的神蹟」。

詹姆斯・喬伊斯（James Joyce）在他的小說《都伯
林人》（Dubliners）當中，也運用了主顯節的描寫方法。
事實上，他的原書草稿正是叫做主顯節。萊文（Levin, 1976,
p.18）討論了喬伊斯的寫作技巧。

> 喬伊斯把都伯林街上出沒的幽靈比做聖經中
> 震撼異教徒的耶穌降世，他強調了二者之間諷刺
> 的對比性；他還說，這些可悲而骯髒的影子……
> 提供了一種天啓——當一則刻意被挑選的部分，
> 揭露了整體，只需要一個字或一個細節，就可以
> 表現出一個角色或傳遞一個情境。

以下是喬伊斯在《都伯林人》（1976, pp.108-109）
中，應用這種技巧所做的描寫：

一個滿臉陰森森的人……心中鬱積了多少的憤怒與仇恨……他詛咒一切……他的妻子則看起來滿臉刻薄，他清醒的時候，必然遭她羞辱，而他酒醉時，也必然凌辱她……一個小男孩從樓梯走下來。

　　　誰？男人問。

　　　是我。爸爸……

　　　你老媽呢？……晚上吃什麼？……你把火弄熄了！聽到了沒？看我不好好地教訓你！

　　　他……舉起拐杖……——我來教你怎麼把火弄熄！……小男孩大聲哭叫——不要啊！爸！他一邊哭一邊繞著桌子跑，可是他的父親……捉住了他，狠狠地用杖子揍他。——你這個小雜種。

　　在這段引文中，喬伊斯述了一個父親如何把怨氣出在小孩子身上。這段互動揭示了這個男人的暴力傾向。

　　再看看另外一種家庭暴力——毆妻。以下所記錄的主顯節經驗，乃是一個韓國婦女被丈夫毆打的故事。如今她已經和丈夫分居了。

　　　跟他結婚不久，我就被打了好多次。不過，讓我告訴你最近這一次。大概八個月以前，我被打得很慘。他打到一半的時候，我逃了出門……可是他追了出來。一把捉住我的頭髮，把我拖進門。他把我推進房間，不斷踢我的身體。我的小

嬰兒在一邊哭⋯⋯現在我常常頭痛。我去雜貨店,都看不清楚要買的東西在哪裡。我的眼睛好痛。常常頭昏⋯⋯我不會原諒他!我真的好恨好恨他⋯⋯難道就因為我是女人?(Cho, 1987, p.236)

以下是另一個被丈夫毆打的女人:

他不讓我睡覺。我們坐在客廳的沙發上,他強迫我坐在一邊看他喝啤酒。這樣大概過了一個月。每天晚上,他都在說同樣的話。就好像在放錄音帶一樣。他罵我是無情的賤貨。他說他懷疑我嫁給他的時候早就不是處女⋯⋯在我們剛結婚的時候,他經常在喝酒的時候強迫我把衣服脫光,讓他看個夠。他還強迫我跳裸舞。(Cho, 1987, p.231)

在上述的引文中,家庭暴力的受害者歷歷在目地描寫了自己被凌虐的經驗。她們的話語重現了當年不堪回首的經驗。而這些經驗已經徹底改變了她們和丈夫之間的關係。趙(Cho, 1987)指出,這些經驗無可避免導致了這些婚姻日後的瓦解。

主顯節的類型

　　主顯節有四種類型：主要的（major）、累積的（cumulation）、次要的（minor）、闡明的（illuminative），以及想像再現的（relived）的主顯節（詳見第 7 章）。在主要的主顯節中，一個經驗震撼了當事人的生命，完全改變了他（她）的一生。《罪與罰》當中犯下謀殺的主角就是一例。累積的主顯節則肇因於生命中一系列連續發生的事件。比如，一個長年被丈夫毆打的女人，最後終於忍無可忍——或是殺了他，或是報警，或是離婚。次要與闡明的主顯節，則揭露了情境或關係中潛藏的問題與緊張。比如，上述經常被丈夫毆打的韓國婦女，她的經驗便闡明了這樣的主顯節。如她所言，她在新婚時就已經被打了好幾次。在想像重現的主顯節中，個人在想像中再度經歷了當年的轉捩點經驗或主顯節。比如，在她述說的時候，就等於再度經歷了當年最後一次被丈夫毆打的經驗。

找出主顯節

　　主顯節發生在個人遭遇或經驗危機的時候，亦即當她身處問題式的互動情境中。個人的苦惱往往會轉變成公共的議題，比如，被丈夫虐待的婦女可能會離家報警，而酗酒的人可能會到戒酒中心尋求協助。

　　主顯節發生在環繞個人生命的較大歷史、制度與文

化環境中。正如米爾斯（Mills, 1959, p.5）所言，一個解釋的學者必須了解「更大的歷史場景，及其如何影響各種個人的內在生命與外在生涯」。因此，研究者必須把個人問題或苦惱扣連到較大的社會與公共議題。所謂的苦惱，乃是私人事務，比如個人在生活中被丈夫毆打，或酗酒等等。議題則牽涉到公共的事務，以及各種制度性的結構，比如戒酒中心的設置，或是受虐婦女的蔽護所。

米爾斯（1959, p.8）指出，苦惱乃是：

發生在個人的性格中，以及他（她）和別人直接的關係當中。苦惱所牽涉到的乃是他（她）的自我，以及他（她）直接身歷其境的有限社會生活……苦惱是私人事務：他（她）所珍視的價值觀受到了威脅。

而議題所涉及的是：

則超越了個人的局部環境與內心世界。議題關係到整體的歷史社會——由許多的個人情境所組成——的制度……議題是公共事務：公眾所珍視的價值觀受到了威脅。（Mills, 1959, p.8）

米爾斯指出（1959, p.226），我們的任務在於，學習將公共議題扣連到私人苦惱的層次，以及個人生命的

問題。

　　苦惱乃是個人傳記的一部分。公共議題則永遠是歷史與結構的。傳記和歷史交會於解釋的過程之中。在解釋的過程中，個人的生命與苦惱被扣連到一個公共的歷史社會結構。個人苦惱的爆發，往往發生於個人或集體的危機時刻。而個人生命中的主顯節，往往鉅細靡遺地闡明了這些苦惱，其細緻的程度足以驚嚇人心。這些存在性的危機與轉捩點經驗，將個人一下子推進了公共的場域。他（她）的問題也因此變成了公共的議題。

　　在策略上，研究者必須在個人苦惱與公共議題交會的互動情境中去尋找主顯節。你必須從公共領域追回到私人領域，找出公共議題所關心的個人生命。比如，趙（Cho, 1987）透過漢城的婦女救援中心找到了被丈夫虐待的婦女。我本人則是透過「戒酒匿名者協會」（Alcoholics Anonymous）（簡稱 A.A.）的聚會，以及其他治療中心，才能夠蒐集到酗酒者的個人生命史。

普遍的獨特個體

　　解釋互動論假定每一個人類存在都是一個普遍的獨特個體（universal singulars）（Sartre, 1981, p.ix）。沒有任何個體只是一個個體而已。這句話的意思是說，他（她）都必須被當成一個獨一無二的事例，以其獨特的方式體現了一個比較普遍的社會經驗或社會過程。沙特指出（1981, p.ix），個人乃「是時代的摘要，因此也是

時代的普遍化表現，但他同時也以自身的獨特重建了他的時代」。誰都像誰，誰也都不像誰。解釋研究的焦點在於主顯節的經驗，正是爲了探索普遍性和獨特性之間複雜的交互關聯，以及個人一生中的私人苦惱與公共議題之間的關聯。因此，所有的解釋研究都兼具了傳記與歷史的向度。凡是解釋的研究，都必須切入環繞主體生命經驗的歷史時刻。

何謂解釋互動論

解釋研究具有以下特色：（1）存在性、互動與傳記的；（2）自然主義的；（3）基於複雜的嚴謹；（4）可以是純粹或應用的研究；（5）後實證主義的，並根基於女性主義對實證主義的批判；（6）關心性別、權力、知識、歷史與情緒的社會建構。以下一一介紹。

存在性、互動的文本

個人只要出現在社會情境中，就會形成互動的文本（Goffman, 1983）。互動的文本乃是無所不在的。互動的文本即是互動本身。解釋研究所蒐集與分析的，乃是存在經驗的互動文本。解釋研究因此必須進行存在性的民俗誌研究（existential ethnography）（參見第7章）。

高夫曼（Goffman, 1959, 1961, 1967, 1971, 1974, 1981）和葛芬科（Garfinkel, 1967; Garfinkel et al., 1981）及其學生的作品，通常都是在研究日常面對面的互動研究與解釋。他們採取了戲劇論、語言學、結構、文化以及現象學的觀點。他們的研究指出，我們眼前的世界可以說是由互動的儀式以及約定俗成的意義所構成，而這些儀式與意義乃是根植於日常的互動過程當中。藉著打破日常的秩序，他們突顯了潛在的規範性預設。他們強調了這種預設的社會建構性，也檢驗了這些預設的脆弱性。他們把互動的微觀世界扣連到較大的、鉅觀社會結構，比如性別、種族或族裔、工作、醫療、心理治療、科學、戲劇與休閒。

從解釋的觀點來說，這類研究有四個問題。首先，這樣的研究既不是傳記式的，也不是歷史性的。他們沒有把互動的文本放到較大的歷史社會結構中考察。其次，他們很少處理具有存在意義的互動經驗（不過，葛芬科也約略處理到這點；Garfinkel, 1967, pp.116-185; Goffman, 1961, 1967）。第三，他們在閱讀互動文本的時候，穿插了外加的概念結構。第四，他們在閱讀互動文本的時候，基本上只關注較大的結構與儀式。而很少處理當下的問題（problem-at-hand），亦即互動者本身所關心的問題（葛芬科經常逃避最後這兩個問題，尤其當他處理互動的破壞或斷裂。不過，高夫曼始終都在處理這兩個問題）。基本上，這些研究者在看待互動與互動者時，採取了結構性和非個人的觀點。他們所研究的

是「時刻及其人」（moments and their men），而不是「男人和女人及其互動的時刻」（men and women and their moments of interaction）。

表意的研究和法則性的研究

葛芬科和高夫曼的互動研究取向是法則性的（nomothetic）（Allport, 1942），以及外觀的（etic）（Pike, 1954），而不是表意的（ideographic）（Allport, 1942）和內觀的（emic）（Pike, 1954; Denzin, 1984a, p.182）[2]。法則性的研究在探討現象的時候，尋找抽象的通則，並經常提出非歷史的解釋。外觀的研究則是外在的，經常是比較性或跨文化的研究；換言之，他們假定，被研究的社會過程乃是超越文化藩籬的。外觀的研究企圖找出一般的模式。對於高夫曼來說，這種一般模式可能就是所謂的面子工夫儀式（face-work rituals），對於葛芬科來說，則可能是對話當中的以下類推規則（the et cetera rule）。法則性與外觀的研究取向致力於找出跨文化的普同性，而犧牲了單一個案或文化中的獨特現象。

表意的研究則假定每個個案都是獨特的。換言之，每一個互動文本都是當事人獨一無二的創造。因此，在記錄互動的文本時，研究者必須確實蒐集當事人的聲音和行動。內觀的研究往往也是表意的。這種研究從內部的觀點出發，透過深度的描寫或說明，去捕捉他（她）們在問題情境中的意義與經驗，以便了解互動中的個

人。這種研究所要探究的乃是，個人在互動與創造意義的時候，應用了哪些概念範疇。內觀的研究是特殊化的（ particularizing ），外觀的研究則是通則化的（generalizing）。

解釋互動論者所進行的乃是表意與內觀的研究，並拒絕追尋法則性與外觀的抽象與通則。因此，高夫曼和葛芬科研究互動文本時所採取的外觀法則性研究，對我們的幫助很有限。他們雖然指出了互動中所呈現的結構性規律，卻完全忽略了歷史與傳記的向度，因此無法探究特殊互動時刻對當事人的意義；也因此很難深入探討個人生命中的主顯節或存在危機的時刻。高夫曼和葛芬科的取向或許有助於揭示這類關鍵時刻的結構，卻無法指出這些時刻對當事人的意義。

沙特的前後追溯法

基於上述的討論，我們必須另闢蹊徑來解讀互動的文本。我建議採用沙特（Sartre, 1963, p.85-166）所提出的前後追溯的分析方法（porgressive-regressive method of analysis）（Denzin, 1984a, p.183, 1986a, pp.14-15）。我稱之為「批判的／解釋的方法」（critical-interpretive method）。

前後追溯的方法目的在於，找出特定歷史時刻中的特定類型主體，並加以理解。往前追溯，亦即把時間推進到主體行動的後果，比如《罪與罰》主角犯下殺人罪

的後果，或韓國主婦的被丈夫毆打之後的故事發展。「前進的」（progressive）一詞在此指的是互動過程中往前延伸的時間向度。然後，再把時間推回到過去，探討是哪一些歷史、文化與傳記的條件造成了主體去採取行動，或產生這種經驗。透過在時間的向度上來回追溯，研究者將行動主體的想法與行動放入時間與空間所構成的情境上考察。在被研究的互動情節之中，研究者闡釋了主體（被研究者）的生命，同時，也指出了不同主體之間的相似性與共通點。

自然主義

　　解釋互動論者所運用的研究策略，無非就是把解釋互動論應用到具體的研究與政策制定上（Majchrzak, 1984, p.12; House, 1980; Stake, 1978; Lincoln & Guba, 1985, p.259-288; Patton, 1980, 1982）。這種研究方法乃是自然主義的；亦即坐落在日常社會互動的自然世界之中。這種研究所仰賴的乃是「複雜的嚴謹」（sophisticated rigor）（Denzin, 1978, p.167），也就是說，研究者必須盡量公開化自己的解釋素材與方法。事實上，只要應用多元的方法，去挖掘各式各樣的經驗情境，並以實際的體驗世界作爲解釋的基礎，就可以說是具有複雜嚴謹的研究（Denzin, 1978, p.167; Patton, 1980, p.18）。這樣的研究雜揉了史特克（Stake, 1978, 1986），史密斯（Smith, 1984）以及其他人（Denzin, 1989，第 8 章的文獻回顧）所提倡

的個案研究、傳記研究與民俗誌研究。解釋互動論超脫了單一的個案研究，而蒐集與分析多元的個案、生命故事、生命歷史與自我故事。這種觀點廣泛應用了傳記／解釋方法（詳見第 2 章）。

解釋研究者的類型

解釋研究者有兩類。第一類包括吉爾茲（Geertz, 1973, 1983, 1988）、史特勞茲（Strauss, 1987）和別克（Becker, 1986b）等人，他們所從事的乃是純粹的解釋（pure interpretation），其目的在於，對社會與文化的問題經驗進行有意義的解釋。這些學者所要建構的乃是根基於社會互動的解釋。比如，史特勞茲對於慢性疾病與醫療技術的研究，便是為了建立一套紮根理論（grounded theory），以便「說明當事人所關心和疑惑的行為模式」（Strauss, 1987, p.34）。別克的研究則指出，美國的學校教育徹底失敗；他的研究實驗了純粹的解釋也可以是一種評估（Becker, 1986b, pp.173-190）。因此，這類研究（比如史特勞茲與別克的研究）有助於推展另一類解釋研究，亦即解釋的評估（interpretive evaluation）。解釋評估的研究者參與了實際的政策制定。他們研究「基本的社會問題，以便向決策者提出紓解問題的實用建議與行動方向」（Majchrzak, 1984, p.12）。解釋的評估研究必須採取問題當事人的觀點；他（她）不能站在決策者那一邊，而應該站在升斗小民這一邊，因為政策所影

響的乃是後者（Becker, 1973）。不過，這並不表示研究者不可以考慮決策當局的觀點。比如，當研究者要批評或協助當局的政策時（Stake, 1986）。

解釋研究者能做什麼

這類研究可以對社會過程做出有意義的描述與解釋；可以解釋為什麼這種狀況會發生或持續。解釋的評估研究可以協助決策者提出實際的方案，以便紓解特定的社會問題（Becker & Horowitz, 1986, p.85）。這類研究也有助於指出或揭露各方對特定問題的不同看法與預設（Becker, 1967）。

採取立場

解釋評估的研究者經常是特定立場的擁護者（基進派或保守派），有些人則是國家的顧問（為政府工作）。司勒曼（Silverman, 1985, p.180）檢討了國家顧問的角色——因為社會學家往往在成為國家的代理人之後，就無法稟持自由開放的態度來做研究。

所有的研究者都必須有立場，或必須支持特定的觀點（Becker, 1967; Silverman, 1985）。所謂價值中立的研究乃是天方夜譚。因為，所有的研究者都會把自己的成見與解釋帶入被研究的問題之中（Heidegger, 1962; Gadamer, 1975）。此即解釋學的循環或情境（hermeneutical circle or situation）（Heidegger, 1962, p.232），是任何研究的基本事實。每一個學者都困在解釋的循環之中，永遠逃不出解釋的情境。換言之，在進行研究之前，學者應該先指出自己對該問題或現象的先前理解與解釋。倘若不去釐清這些先入為主的意義與價值，必然會蒙蔽或誤導後續的解釋。

實證主義以及客觀研究的預設

傳統的社會學研究有很多不同的形式（Patton, 1980），但都共同假定：社會過程——其定義乃是實驗或準實驗性的（Lieberson, 1985）——對於現實的世界事務具有特定的影響。此外假定，透過量化資料的蒐集，研究者可以客觀地測量社會過程的影響。傳統的研究因此客觀化了觀察的過程，從而將研究者抽離開被研究的世界。

根據傳統的理論模型，要捕捉社會的過程，只需採用實證主義（positivism）（Lincoln & Guba, 1985, pp.24-28）或準實驗主義（quasi-experimentalism）（Lieberson, 1985）精準的因果律典範。此一研究典範有以下假定：

1. 「客觀的」現實可以被捕捉。
2. 觀察者應該和被觀察者保持距離。
3. 觀察和通則化乃是普遍有效的，不受限於情境與時間的限制。

4. 因果律是直線的，凡事有因就有果，有果必有因。
5. 研究乃是價值中立的（關於此五點假定，可參見 Lincoln & Guba, 1985, p.28）。

解釋與科學[3]

　　解釋的觀點刻意揚棄了實證主義，因此也可稱為後實證主義的觀點（post-postivist）（Lincoln & Guba, 1985, pp.29-33）。解釋的觀點反對上述五個實證主義的假定，原因如下：

1. 邏輯實證論（logical positivism）和科學的社會學（scientific sociology）一向假定，自然科學的語言可以也應該是人文學科的語言。根據此一假定，任何關於社會世界的說法，只要不能以量化的、可見的與科學控制的條件來加以證實，就應該被「保持沉默」——套一句維根斯坦的格言（Wittgenstein, 1922, p.151）。凡是關於人類主觀性、意向性與意義的陳述，實證主義都不屑一顧，或只是隨便談談。反之，解釋互動論乃是立基於對人類主觀經驗的研究、表達與解釋。
2. 實證主義的社會學企圖對社為現象進行因果論的解

釋。而這種因果說明的進行，乃是使用變項分析的語言，這種語言完全脫離了日常生活。反之，解釋互動論拒絕了因果的模型與分析的方法。追求「爲什麼」的因果問題，以及因果路徑、因果連鎖或因果先後順序等，只是徒然阻礙了我們對直接體驗的理解。

3. 與其問「爲什麼」，不如問「如何」。換言之，互動中的個人如何組織、感知與建構一個社會經驗，或社會互動的序列？「如何」的問題比「爲什麼」更重要。

4. 實證主義的社會學假定，理論與分析的概念架構可以獨立於互動個人所組成的世界之外。這樣的架構，不論是取材自古典或當代的理論家——馬克思（Marx）、涂爾幹（Durkheim）、齊美爾（Simmel）、韋伯（Weber）、佛洛伊德（Freud）、帕森思（Parsons）、莫頓（Merton）、哈伯瑪斯（Habermas）或何曼思（Homans）——都假定可以用抽象、巨型或中型理論的概念架構，來對人類行爲進行有意義的分類與分析。於是，在實證主義的社會學裡，看不到直接體驗的世界，取而代之的是許多複雜的變項概念——「下層結構」（base）、「上層結構」（superstructure）、「分工」（division of labor）、「科層制」（bureaucracy）、「自我功能」（ego-function）、「功能要件」（functional prerequisites）、「扭曲的溝通」（distorted communication）或「目的性行動的潛在後果」（latent

consequences of purposive action）。由於應用這些較高層次的概念，科學家的分析架構完全脫離了具體的人類現實。

5. 解釋互動論的目標在於，盡量不進行概念化的討論與表達。解釋互動論的表達模式扣連了第一手的、原初的、體現的日常生活概念（the first-order, primary, lived concepts of everyday life）。追隨梅洛龐蒂（Merleau-Ponty, 1973a）的腳步，描寫現象學（descriptive phenomenology）與解釋互動論都企圖呈現與解說「世界的散文」。此一解釋的任務假定，日常生活中的情境與經驗之流，乃是無法訴諸實驗、統計、比較或因果的控制與操弄。每一個人類情境都是新穎、乍現的，並充滿了多元甚至矛盾的意義與解釋。解釋者必須捕捉住這些意義與矛盾的核心。解釋互動論假定，一般人的語言本身足以闡釋他（她）們的經驗（見 Denzin, 1982b 對《罪與罰》的分析）。

傳記與研究

這個世界乃是變動不居的，不可能配合科學家進行分析的邏輯架構。世界自有內在的邏輯與辯證。觀察者唯有參與世界，才能發掘世界的意義。世界只存在於感知或觀察者的組織之外。因此，解釋互動論者發現，自己的經驗世界本身正是最適當的研究題材。實證主義者

抽離了被研究的世界，反之，解釋互動論者參與在社會世界之中，因此更能有效理解與表達情境中乍現的性質或特色。

米爾斯（Mills, 1959, pp.195-196）闡述了此一立場：

> 學術界中最可敬的思想家……不會把工作和生活分開……換言之，你必須學習把你的生命經驗應用到學術工作上。

解釋互動論者確信，唯有將自己完全融入現象之中，才能做出有意義的理解與解釋。誠如梅洛龐蒂（Merleau-Ponty, 1973a）所言，在經驗的世界之中，存在著內在的「不定性」（indeterminateness）。很多理論系統為求解除這種不定性，乾脆脫離日常生活的立即經驗世界，結果只是放棄了解釋的宗旨。

6. 當前社會科學的一大特色在於，建立一般化的因果命題，以便概推到沒有被實際觀察的母體（透過對隨機樣本的擴大分析）。解釋的觀點則拒絕進行通則化的概推，也從不隨機抽取人類經驗的樣本。此即史特克（Stake, 1978, p.5）的立場：「個案研究往往是最理想的方法……因為，個案研究在知識論上符合讀者的經驗，因此也提供了讀者一個自然的概推基礎。」解釋的研究者所要建立的解釋，必須讓讀者可以自然地做出概推。對解釋者來說，任何問

題社會互動的事例，只要加以深度描寫（Geertz, 1973），並扣連個人的苦惱，就代表了值得進行解釋研究的一則經驗片段。

　　解釋者所研究的社會互動片段、序列或事例，無不承載了一層層的意義、奧妙、內涵與構造，宛如千層派，包含了多元甚或衝突的內容。這些內容有的來自於別人的歷史，有的是個人自己的創造。解釋者必須探究這些有意義的經驗，以揭露其背後的知識與控制結構。必須認知到，每一個研究主題都承載了自己的邏輯、秩序、結構與意義。解釋者就像一個小說家或畫家，必須帶領讀者進入他（她）的文本之中。在此同時，研究者呈現了他（她）所捕捉的經驗片段（Sudnow, 1978, 1979）。

女性主義對實證主義的批判

　　女性主義對實證主義的批判（Farganis, 1986; Cook & Fonow, 1986）指出，性別的不平衡乃是社會世界的核心。因此，性別的作為（the doing of gender）成為研究的一個基本焦點（Garfinkel, 1967）。性別階層化的系統在任何社會情境中製造了不平等的權力與宰制關係，將女人貶低為屈從的一方。解釋者必須研究這種性別宰制的運作。任何知識都是性別化的。女性主義的批判指出，所謂客觀的知識乃是不可能的。知識應該是啟蒙的工具。和解釋研究一樣，女性主義的研究乃是傳記與自然主義

的。這種研究援引了後現代與後結構主義的社會理論。女性主義的研究訴求，透過解釋的文本來傳遞女人的聲音。

總而言之，我們對日常生活的理解與解釋必須考慮經驗世界中的性別、情境、結構與實踐的向度。包括以下幾點：

1. 應用多重、個案、傳記研究方法。
2. 找出主體（被研究者）生命中的危機與主顯節經驗。
3. 把這些個人苦惱的經驗扣連到相關的公共議題或制度。
4. 遵循複雜的嚴謹。
5. 使用被研究者本身的語言、感覺、情緒與行動來呈現該現象。
6. 遵循解釋的五個步驟，包括解構（deconstruction）、捕捉（capturing）、括號起來（bracketing）、建構（construction），以及脈絡化（contextualization）（詳見第 2 章）。
7. 明白指出研究者本身對該現象的價值立場。

● **評估研究的解釋判準**

如果解釋者所進行的是評估研究，則應該額外考慮以下幾點：

1. 接觸應用方案的負責人員（志工、照顧者、支薪的

專業人員）和服務的對象，蒐集他們的個人經驗故事。

2. 指出各方對該問題或方案的不同定義（地方定義或專業定義）。

3. 釐清這些定義背後的道德偏見。

4. 指出現象情境中的各種真理模型（理性和情緒性）。

5. 對案主和社福人員的經驗進行深度的描寫。

6. 根據情境中個人的概念範疇與地方知識，對該方案進行分析與深度的解釋。

7. 根據這些解釋，形成對該方案的理解。

8. 比較當事人和科學家對該方案的解釋與理解。

9. 指出統計學分析如何扭曲了方案的實際工作，或只是泛泛而論。

10. 根據當事人的實際體驗（成功或失敗），以及現存方案的修正空間，提出改善的建議。

　　研究者可以應用這些判準來評估彼此所提出的方案。此外，這些判準也提供了一個組織大綱，可以引導評估研究的進行。解釋的評估研究乃是價值取向的，而且應該採取問題當事人的觀點。

　　很多向度塑造了解釋的過程，包括歷史、權力、情緒與知識的信念。以下深入介紹。

歷史、權力、情緒與知識

歷史

　　歷史進入研究過程的途徑有四。首先，被研究的事件與過程乃是隨著時間推演。以此而言，每個事件都有內在的歷史感。其次，這些事件乃是發生在較大的歷史社會結構之中。此一結構型塑、影響或限制了社會的過程。這個結構包括了語言——各種不同形式的語言；微觀與鉅觀的權力關係；在日常社會互動與經驗中被視為理所當然的文化意義。第三，個人歷史與生命傳記也是一種歷史。每個人會都把自己的歷史帶入了被研究的事件之中。第四，研究者和解釋過程之間存在了一種個人的歷史關係。如上所述，這種個人歷史也塑造了研究的過程。

　　任何解釋的研究都必須考慮以上四種形式的歷史。很多研究的設計往往過於造作，而忽略了現象本身的時間與歷史面向；結果造成了研究過程的瑣碎化與失真。

權力

　　歷史必然交織著權力與情緒。權力在社會結構中無所不在，深植於日常生活中微觀的性別關係中（Foucault,

1980）。權力乃是強權與宰制。在特定的情況中，權力會演變成一種暴力。權力乃是一種過程，出現在男人與女人之間，以及團體與制度之中的宰制關係。透過操縱與控制，權力在人類關係中展現了強權與人際支配。權力的運作往往是你死我活。權力可以創造，也可以毀滅。權力摧毀了既存的舊社會結構，也創造了新的社會關係。比如，被丈夫毆打的韓國主婦以她們的故事見證了權力。

解釋的研究必然牽涉到權力。研究者往往被賦予權力進入特定的情境中進行解釋。然後，研究者必須向掌握更高權力的人報告他（她）的解釋。最後，這些解釋往往又回到了最初的情境中。結果造成了新的社會編制。

微觀的權力關係充滿了研究的每一個層次。要進入田野情境做觀察，必須處理微觀的權力關係。在被研究的世界本身，也存在了微觀的權力關係，因為世界的結構與組織無非就是權威的關係。在研究的格式、觀察的方法，以及實驗與準實驗的研究設計中，也存在著微觀的權力關係。科學以「實踐中的權力」（power-in practice）之姿，進入了研究的現場。換言之，研究者挾帶著科學的權力與特權，進入了田野。

情緒

深入檢視就會發現，情緒性（emotionality）在解釋

研究中也是無所不在。個人會把自己心情和感覺帶進研究中。被研究者的生活裡也充滿了情緒。研究者和被研究者之間的互動也免不了情緒的因素。蒐集的觀察內容也包含了情緒。權力的本質也牽涉到情緒——掌權和無權的不同感受。深入剖析解釋研究中的權力與感覺，更加證實，所謂超然、不帶情緒的純粹知性解釋只是天方夜譚。

知識

　　知識指的是對特定現實片段的信念或一組信念。知識乃是社會與政治的建構物。知識和權力分不開。掌握權力，就可以創造與定義知識應用的情境。掌握權力的人，也決定了如何取得關於情境的知識。掌握權力，也就決定了知識的定義。掌握權力，也就可以決定什麼不算知識。正如傅科所言，「知識的出發點不是什麼知識的主體，而是周遭的權力關係……所有的知識都是政治的……知識的可能性取決於權力關係。」（Foucault, 1980, p.220）

權力和解釋

　　根據實證主義的典範，量化的、應用的與評估的知識必須具備客觀的效度。這種知識一旦取得，就被假定在應用的社會世界中具有真實的力量與適切性。反之，

在解釋典範之下，知識既不是客觀的，也不具有任何客觀的效度。知識毋寧反映了社會情境中無所不在的解釋結構、情緒性與權力關係。因此，解釋研究所揭露的無非只是個人在互動中所解釋的世界。

解釋的判準

我將在第 2 章指出評估既成解釋的判準。在此先簡單介紹。這些判準包括：闡釋現象的能力，深度脈絡化，揭示被研究經驗的歷史、過程與互動特色。好的解釋必須吸納所有關於該現象的資訊與知識，合併對該現象的先前理解，並永遠保持不完整與未完成的狀態。

當研究者依序進行下列五個解釋階段，就必須應用這些判準。解釋的階段如下：解構、捕捉、括號起來、建構、脈絡化。解構（deconstructing）乃是批判地分析與解釋既存研究對該現象的探討。捕捉（capture）則是要蒐集相關經驗的多元自然主義事例。括號起來（bracketing），或還原（reduction），則是要把現象的關鍵要素獨立出來考察（比如，身為一個受虐妻子所經歷的經驗階段）。建構（construction）則是要重新整合單一個案中所包括的經驗階段，比如一個受虐妻子的生涯，以便完整地解釋該現象或過程。脈絡化（contextualization）則是要把該現象放回實際體驗的世

界中考察。比如,趙(Cho, 1987, 1988)便把她所研究的毆妻事件放入這些韓國婦女的婚姻中考察。

　　一旦進入解釋的過程,研究者必然陷入解釋學的循環。換言之,研究者永遠不能走出解釋的過程。他(她)永遠都是被研究世界的一部分。

情境化的解釋

　　我將在第 3 章及第 4 章探討如何在自然的社會世界中進行情境化的解釋研究。這包括了進行研究場所的構圖,以及找出研究場所中的社會典型及其傳記。研究者必須學習田野情境中所使用的語言,以及情境中的互動儀式與慣例。在進行解釋的時候,研究者把傳記扣連到社會團體中所發生的互動。

深度描寫

　　深度描寫企圖挖掘田野情境中所發生的意義與經驗。深度描寫捕捉了當事人帶入事件中的解釋,也記錄了這些解釋在互動之中的開展,並為深度解釋打下基礎。深度的解釋揭露了主體經驗背後的結構要素與意義。深度解釋的工作,無非就是對深度描寫進行解釋,把讀者引領到被解釋經驗的核心。深度解釋假定,所有的意義都是符號性的,包括了表面與深層的、微觀與鉅觀的意義。深度解釋必須仰賴深度描寫。深度描寫永遠

都會把當事人的傳記扣連到生活的經驗上。

解釋與理解

　　解釋的過程在於釋放出一個事件或經驗的意義。意義的定義則取決於一個人的意向或行動；意義指的是對於一個符號的意向性解釋，或解釋者(interpretant)(Peirce, 1963, p.108)。意義是三元的，牽涉到三方面的互動，包括（1）個人；（2）客體、事件或過程，以及（3）個人針對客體、事件或過程所採取的行動（Blumer, 1969, p.9）。意義是互動與解釋的。解釋澄清了意義，包括把一個語言所表達的內容翻譯成另一種語言的意義和語碼。解釋把一個文本或一則互動中所孕藏的意義釋放出來。理解的過程則領悟或捕捉了情境或文本中被解釋的意義（Ricoeur, 1979, p.96）。舉例來說，旅客往往不了解當地人的要求，除非將之轉換成自己的語言來理解。在這個簡單的例子中，就涉及了解釋與理解的雙重過程。

描寫的兩種類型

　　描寫提供了解釋的架構。換言之，在解釋一個動作或過程之前，必須先加以描寫。描寫可以是深度或表面的（Ryle, 1968, pp.8-9）。一則表面的描寫只敘述事實。比如：

某甲在 1987 年 11 月 24 日早上八點鐘喝了
一杯咖啡，當時他正在寫信給他的出版商。

而對同一件事的深度描寫可能是：

　　　在倒咖啡的時候，某甲想到了出版商希望他
寫信通知何時可以交稿。於是他拿著咖啡和香煙
走到書桌前，開始寫信，解釋遲交的理由，並提
出新的交稿期限。寫到一半的時候，他的大女兒
打電話來了。

　　問他如何在電腦文稿上插入新字。他回答了她的問
題，繼續寫信。他很懊惱花了那麼多時間寫信，結果只
寫了新的交稿期限，也不管遲交的理由了。
　　深度描寫（thick description）具有以下特點：（1）
寫行動的脈絡；（2）指出行動背後的意向和意義；（3）
追溯行動的推演與發展；（4）把行動視為一個可以解
釋的文本。反之，表面描寫（thin description）只報導事
實，不處理行動背後的意向與條件。

解釋的類型

　　解釋創造了理解的條件。解釋和理解都有兩種類
型：情緒性或認知性的。深刻而真切的理解必須建立在
情緒與共同的經驗上。這也是解釋互動論要建立的理

解。反之，認知性的解釋與理解固然可以揭露現象的本質意義，卻排除了意義的情緒性。就像一則數學公式，比如愛因斯坦特殊相對論，只陳述了現象之間的關係，卻沒有賦予任何情緒的意義。

深度描寫乃是解釋研究的基石。沒有深度的描寫，就不可能得出真切的理解。為了達到這種深刻的理解，研究者必須深入檢視負面或不規則的案例。

議程

解釋互動論的核心在於深度描寫、深度解釋以及深刻而真切的理解。本書的任務在於，介紹如何做記錄，以便達到上述目標。當今的解釋研究往往欠缺深度的描寫。換言之，當務之急是教導學生如何進行深度的描寫與解釋。目前的教育很欠缺這點，必須盡速改善。

同時，解釋評估的研究也亟待推展。這種研究，正如米爾斯所指出（Mills, 1959），連結了傳記與社會的層次，研究者在推展解釋研究時，必須借重自己的傳記經驗。他（她）必須有能力進行比較性、歷史性與互動性的思考；也必須考慮現象中的微觀權力與性別關係。解釋的評估研究關心權力，以及權力如何扭曲或型塑了人類經驗；因此具備了傳統評估研究所欠缺的批判力。解釋研究必須對相關的社會結構與過程提出徹底的批

判。換言之，必須去批判現象背後的一般文化結構。同時，也必須對知識界的科學思維（scientific thought）提出批判，因為正是這種思維掌握了對現象的知識生產。

結論

　　本章勾勒了解釋互動論的基本面向。繼米爾斯之後（Mills, 1959, p.225），所有的解釋研究在做出結論之前，都必須靜下來面對「二十世紀後半人類社會的恐怖與輝煌」。社會學家可以對全世界發言，而不只是做一個記錄者。套用福克納（Faulkner）的話來說（Cowley, 1967, p.724），社會學可以變成世界的一根支柱，幫助女人和男人好好活下去。我們的任務應該是，呈現出人類的苦悶、痛楚與成功，以及他（她）深深體會的情緒——愛、尊嚴、驕傲、榮耀與尊敬。換言之，我們無權佔有筆下的故事、生命與經驗。我們只是不速之客。如果有幸見證，也都只是暫時的。那些生命經驗與故事永遠都只屬於當事人。

　　最後一點：如果你想要理解與解釋這個世界的本來面貌，它的生命、經驗與意義，那麼本書所提出的研究策略將是你最好的選擇。

註釋

―――――――――――

¹ 正如作者稍後將指出，epiphany「主顯節」的原意乃是基督教的一個節日，乃是為了紀念基督在異教徒之前的現身，故名「主顯節」。喬伊斯引申應用「主顯節」來指涉瞬間的聖靈或心靈乍現。現在一般引申為乍見的洞見。在此作者所指的是人生關鍵的問題經驗。譯者決定保留一般「主顯節」的譯法，因為中文「主顯節」除了原本所指的「紀念主顯身之節日」，也可以將之解釋為「主要的顯示環節」，而貼切於此處的涵意。

² 【譯註】etic 與 emic 乃是人類學家派克（Pike）所發明的新字。emic 取自 phonemic（音位的或音素的）一詞，表示以某一結構系統本身所切合的單位來描述此一系統，亦即採取參與者本身的觀點來描述事情的序列；因此譯為「內觀的」。而 etic 取自 phonetic（語音的）一詞，表示採取獨立於系統之外的概念或外來觀察者的觀點；因此譯為「外觀的」。

³ 本節所提出的討論也可見於我的另一篇文章〈解釋互動論〉（Interpretive Interactionism）第 131-134 頁。（收錄於《超越方法》（Beyond Method），G. Morgan 編）（Beverly Hills, CA: Sage, 1983, 1983, p.129-146）

2

蒐集傳記經驗的資料

本章依序處理下列議題：（1）問題式傳記經驗的事例；（2）傳記的方法及其與解釋互動論之間的關係；（3）傳記素材的評估、閱讀與解釋。

傳記經驗的事例

看看以下的故事。故事的講述者是民俗學家桑卓・戴比史達爾（Sandra Dolby-Stahl）的母親蘿薾塔・戴比（Loretta K. Dolby），聽者則是桑卓本人、姐姐及嫂子。蘿薾塔已經在鄉村的小學當了二十多年的四年級老師。

這件事說起來根本只是雞毛蒜皮。不過當時

是期末，大家都恨不得趕快把事情做完，每個人都有點亢奮過度。校長、體育老師和球隊教練都在那裡，他們好像正在發神經。我在座位拼命想把剩下的工作做完。但做得不是很順。反正，大家都知道他們在搞什麼。那些男人聚在一起，沒多久就大笑一下。他們一定又在講黃色笑話了。反正只要我們這些女人一過去，他們就統統默不作聲。然後事情就開始了，那個教練手裡拿著兩個很大的籃球，他把球從走廊那邊滾過來，撞到了我的門。我走出來吼：「你幹嘛把你的球從走廊那邊滾過來？」〔笑聲〕那些臭男人一轟而散，沒多久就聽到他們笑得好大聲，我把門砰一聲關上。然後就不敢出去了，一直到他們回家以後⋯⋯我真的覺得好糗。該死的是，當他把球撞到我的門口時，我只是脫口而出。說出來以後，才發現好笑。可是他們已經跑掉了。（Dolby-Stahl, 1985, pp.55-56）

再看下面的例子。講述者是一個 53 歲的印刷工人，時間則是第二次參加戒酒匿名者協會的聚會。

我自己沒法子甩掉那該死的酒瓶。我老爸死的時候要我答應他不再喝了。我答應了，但我根本辦不到。我老爸自己也喝了三十年，每天都要喝上一公升的烈酒，可是醫生一叫他戒酒，他不

費什麼力就戒了。我妹也是酒鬼，但也戒不掉。我的老板叫我戒酒。我也想啊！可是早上上班前手抖得厲害。所以我會先去喝一杯薄荷杜松子酒，比較聞不出來。喝了酒，就覺得平靜多了，可以笑得出來，感覺很好。可是十點多又開始不行了。所以我會在車箱裡藏幾罐冰啤酒。中午出來抽煙時就偷喝一點。否則中午會撐不下去。然後，吃午餐的時候，我會再喝一些杜松子酒，也跟別人一樣喝啤酒。這樣下午上班也可以撐過去。下班以後，就真的開戒了。我越喝越抖，越抖卻又喝得更多。我一直喝，喝到每天晚上不醒人事。我太太很體諒我，如果我一整天都沒喝，我會在日曆上把那天畫起來，她就會為我喝采。我一直以為我自己也可以戒酒。我老爸就是這樣。但是我不行。我猜我只能回來這裡。我的身體已經開始不行了。醫生說我的肝不能再承受更多酒精。我不知道，每次只要酒一喝，就管不了那麼多了。但清醒以後，問題又回來了。你們可以幫我嗎？（Denzin, 1987a, p.25）

下一個事例。福婁拜（G. Flaubert）說：

靠著單純的工作，我可以平息內在的憂鬱。但老樣子（old nature）還是一直出現，沒有人了解的老樣子，那一個深層的，永遠看不到的傷口。

（Sartre, 1981, p.x; 摘自 G. Flaubert，1864 年 10
月 6 日）

以下是福婁拜家庭友人所寫的信，或可窺見這個老
傷口的一二。

　　我的祖母教她的長子識字。她希望在越短的
時間之內教越多越好，好去做事。年幼的福婁拜
已經學得很快，但還是跟不上，他絞盡腦汁想了
解那些在他看來沒有一點意義的符號，最後終於
哭了。（Sartre, 1981, p.3）

最後一例：

　　4 月 26 日：母親把我新買的二手衣放好。
她祈禱，希望我遠離家園朋友之後，能在自己的
生命中找到心靈的意義與感受。阿們。就這樣吧！
來啊！生命！我要去遭遇我經驗中的真實千百萬
次，我要用我靈魂的鐵匠去鍛鍊人類尚未被創造
的良知。（Joyce, 1976, p.526）

概觀

　　解釋研究的主題乃是傳記經驗。而這些經驗乃是刻劃自一般男人與女人的日常生活。正如第 1 章所指出的，解釋研究乃是環繞著一個主體生命中的傳記事件或時刻。解釋研究的焦點無非在於個人的傳記事件，這個事件如何被定義，以及如何交織了主體生命中的多重線索（第 7 章將詳論傳記事件的類型）。

　　上述的每個事例都講述了當事人生命中富含傳記意義的時刻。在第一個故事中，戴比史達爾的母親回顧了自己當老師時被性騷擾的經驗。在第二個故事中，一個酗酒的印刷工人向戒酒匿名者協會求助。在第三個故事中，沙特描述了福婁拜一生中的樞紐時刻，以及他在語言上的晚熟。第四個事例則是摘自喬伊斯（James Joyce）的名著《一個青年畫家的肖像》（The Portrait of the Artist as a Young Man），喬伊斯描繪了主人翁史帝芬・第大勒思最後不當牧師，而決定離開愛爾蘭到新大陸去做畫家時的心中所想。

　　在討論傳記方法及其與解釋互動論的關係時，我將再引用這些事例。我將區分幾種傳記方法，並詳細說明解釋研究如何評估各種解釋。

概念澄清

我必須先定義一些重要詞彙。要從事傳記的解釋方法，必須蒐集與分析當事人講述自己生命轉捩點的故事、說明與敘事。所謂「敘事」（narrative）乃是一個故事（story），講述對述事者（narrator）及其觀眾（audience）具有重大意義的事件序列。既然是一個故事，敘事必須有情節，一個起點、中點與終點。一個述事必須有其內在邏輯，方能言之成理。一個述事以時間或因果的順序來組織事件序列。每一個敘事都描述了一連串已經發生的事情。敘事因此是時序的演出（temporal productions）（Culler, 1981, p.187; Ricoeur, 1985, p.101）。敘事的內容乃是獨立的存在，不受限於敘說的動作，儘管很多敘事只有當事者才能講述。桑卓・戴比史達爾就不可能去講述母親的親身故事。雖然在聽過母親的故事之後，她就可以轉述給別人聽。有意義的傳記經驗會不斷地以敘事的形式被傳頌。

敘事的類型

敘事有很多種形式：報章雜誌上的故事、小說家寫的短篇故事、人們在日常生活中告訴別人的自我故事以及議論別人的故事。解釋的研究者蒐集兩個基本類型的敘事。首先是個人經驗故事（personal experience story），

講述者會把他（她）的自我扣連到一組已經發生的重要經驗（Dolby-Stahl, 1985）。比如，戴比史達爾的母親所講述的故事「球」，就是她個人的經驗敘事。福婁拜學識字的故事則是第二人稱所講述的個人經驗故事。講述者乃是福婁拜的家庭友人。自我故事（self-story）在講述的同時，創造與解釋了當事人經驗的結構。上述印刷工人的故事正是標準的自我故事。他在講故事的時候也解釋了事件和他自己。喬伊斯在《一個青年畫家的肖像》的結語，也呈現了一個自我故事。自我故事同時處理了過去、現在與未來。個人經驗故事則只處理過去。自我故事所處理的乃是個人生命中持續出現的問題事件。

　　個人歷史（personal histories）乃是根據訪談、對話、自我故事與個人經驗故事的素材，所重新建構的一個生命史（Titon, 1980）。個人歷史的焦點可以是單一個人、團體或制度的生命與傳記。個人歷史運用了一個較大的敘事結構，亦即一個生命的故事，來整合或涵攝個別的自我故事與個人經驗故事。唯有掌握講述者的傳記，才能充分領會一則個人經驗或自我故事的意義。比如，戴比史達爾在解釋母親的故事時，就必須走進母親的傳記與生命故事之中。而為了解釋福婁拜一生的內在傷痛，沙特就寫了兩大巨冊。

過程

　　「解釋的傳記方法」（intrepretive biographical

method）一詞涵蓋了上述的各種敘事與故事。傳記方法的焦點在於自我、傳記、歷史與經驗，因此除了關心事件的過程之外，也要分析當事人的特殊生命，必須兩者並重，來回觀照。不管是口頭說明或書面解釋的故事，講述者的生命永遠都是故事的最核心。在實際的生命經驗中，過程與結構乃是不可分的。

根據湯普森（Paul Thompson, 1978）的說法，解釋的傳記素材有三種呈現方式。首先，個別的個人經驗敘事可以被呈現或扣連到特定個人的生命故事。其次，可以環繞特定的主題來蒐集不同個人的自我故事或個人經驗故事。第三，研究者可以把重點擺在事件的過程，而非過程中所體現的個人生命，並對既存的資料進行跨越個案的分析。

最好的傳記與解釋研究乃是綜合以上的三種呈現方式。這包括了三點意涵。首先必須蒐集深度的個人歷史。任何人都可以針對自己的生命講出許多不同版本的故事，因此，一個生命本身其實就包含了多重的敘事。沒有任何單一的自我故事或個人經驗故事可以涵蓋一個生命的全部可能故事；也沒有任何個人歷史可以包含一個生命故事的各種自我故事。其次，必須蒐集許多個人在該過程之不同階段中的自我故事與多重敘事。結合了以上三種呈現方式，傳記方法可以確保歷史、結構與個人三方面都得到公平的考慮。

生命的結構

　　一個生命指的是一個具體個人的傳記經驗。個人乃是文化的產物。比如，每個文化都有各種不同的人稱：男人、女人、丈夫、妻子、女兒、兒子、教授、學生等等。個人被賦予了這些名稱。個人的傳記乃是環繞著這些名稱的相關經驗，比如，年老男人、年輕男子、離婚婦女、獨生女、獨生子等等。這些經驗對個人生命的影響可以分為兩個層次。在表面的層次上，人們把這些經驗視為理所當然，絲毫沒有疑問，比如，到街角買份報紙。深刻層次上的影響力則切入了個人生命的核心，而留下永難抹滅的印記。這便是一個生命的主顯節經驗。解釋的研究者所要蒐集的自我故事與個人經驗故事，正是對個人生命具有深層影響力的事件（Denzin, 1986b, p.324）。

　　本章一開始所引用的故事，都對當事人的生命造成了長遠的影響。在那麼多年以後，戴比史達爾的母親仍然記得那個體育老師讓她出糗的事情。她把這個性騷擾的經驗告訴女兒和媳婦。那個印刷工人則講述了至今仍困擾著他的關鍵事件——他的酗酒問題。繼《一個青年畫家的肖像》之後，喬伊斯又寫了兩本書處理他和文學與祖國愛爾蘭的關係。福婁拜花了一輩子的時間在對抗他和書寫與語言之間的關係。

　　以上的討論可以總結成幾個要點：

1. 主顯節扭轉了個人生命。
2. 主顯節對個人生命發生了深層的影響。
3. 主顯節的記憶乃是難以抹滅的。個人經驗的故事會
   述說這些記憶。
4. 主顯節發生在問題情境之中，比如當丈夫強暴妻子。
   這些情境必須被重新建構與解釋。
5. 主顯節乃是團體與互動的現象。
6. 個人和別人會賦予這些故事多重的意義。而這些意
   義會隨著時間改變。
7. 解釋研究蒐集與研究深層的個人經驗故事。

脈絡化的敘事：整合互動的片段

　　除了蒐集敘事之外，解釋研究也記錄現場的互動序
列。有技巧地加以選擇，這些互動序列可以訴說許多個
人經驗的故事。

* 十二步驟（A 12-Step Call）

　　下列的互動序列發生於 1983 年 1 月 23 日。記錄來
源為現場的一位參與者。發生時間由早上十點十五分到
十一點三十分。地點包括汽車旅館、汽車以及防止毒品
濫用機構的戒酒中心。參與者是三個成年男人：M，34
歲，酗酒者，故態復萌（又喝得爛醉），已經打電話向
戒酒匿名者協會（簡稱 A.A.）求助。P，43 歲，戒酒者。

W，50 歲，戒酒者，在協會接到 M 的電話。三個互動者在戒酒中心談話。P 和 W 在中心接電話，幫助想戒酒的人，中心把這個計畫稱為「十二步驟電話」（12-Step Call）。換言之，他們幫助打電話來求助的酗酒者。他們都已經保持了一年的清醒，亦即一年沒有喝酒。以下是記錄的對話。

　　10:15 A.M. （三個男人到達戒酒中心）
　　M 對 P、W 說：「這就是全部了嗎？」「這就是所謂的 A.A.？」
　　P 對 M 說：「什麼意思？」
　　M 對 P、W 說：（拿了一支煙，點煙的手一直抖）「我不知道。我是說，這就是全部了嗎？參加他媽的聚會，讀他媽的《大道理》（Big Book），不要喝酒。留在家裡照顧老媽。這就是全部了嗎？」
　　W 對 M 說：「當然不只這樣。但最重要的是不再喝酒。你要做什麼都可以，就是不可以喝酒。我的生命就是這樣改觀的。」
　　M 對 P、W 說：「不必再說這些大道理了！我不想聽。我是，這就是全部了嗎？（IS THIS ALL THERE IS ？）我的生命就像 Peggy Lee 的歌。沒有一點意義。喝醉以後至少什麼也不必管了。我可以不理那個老太婆，我可以做我自己。」
　　W 對 M 說：「但《大道理》幫助我清醒。

裡面的故事就像我和你一樣。你讀過嗎？看看你
這個德行，你醉了。難道這就是全部了嗎？」

　　M 對 P、W 說:「天！我受不了了！我受不
了。我想到我那死在聖地牙哥的老婆。我想到我
媽在家裡等我喝醉酒回家。我想到自己在酒吧花
天酒地。我拿起酒杯，看到了 A.A.的樣子。天
啊！我真想死了算了。」

　　P 對 M 說:「你可以改變的，M。你真的可
以改變。我以前喝醉酒也是跟你一樣。待在 A.A.，
事情會有轉機的。」〔11:30 a.m. 〕

　　對話就此結束。兩個 A.A.人員離開戒酒中心。M 坐
在那裡雙手抱頭，趴在桌上痛哭，碰翻了咖啡杯。
　　第二天，其中一人回想了這件事:

　　　我昨天接了一通求助電話。到一家汽車旅館
　　接人。我曾經就在這家旅館，整整醉了一星期。
　　我很高興再回到這裡。去了解到喝第一杯酒以後
　　的後果。他打電話來的時候，我本來是不想來的，
　　因為很忙。可是我很高興我來了。我們談到了《大
　　道理》，酗酒和我自己的病。我很高興我再也不
　　必喝酒了。今天是我第一次在 A.A.接電話做十
　　二步驟，我真的很害怕。旅館房裡的桌上有四瓶
　　紅酒，水漕裡有啤酒。如果是三個月前，我鐵定
　　會喝一杯。我確定。我想我永遠也不會忘記，有

一個酒鬼在這個房間裡向我求助。滿地的空啤酒罐，到處都是威士忌和香煙的味道，電視上在演卡通，我很慶幸我已經清醒了。

於是，一個互動經驗引出了一則個人經驗故事。解釋研究的工作在於，把一個持續互動的過程扣合到由此衍生出來的故事。換言之，把一個敘事加以脈絡化。

參與、訪談與傾聽

解釋互動論者試圖融入被研究者的生命之中。他（她）必須嘗試採取當事人的觀點，來看待他（她）們的世界與問題。作為一種策略，這種方法把研究者直接丟入了被研究的社會世界之中。因此，研究者必須透過田野日誌，鉅細靡遺地記錄這個世界的日常性與問題性。找出反覆出現的結構、互動與意義模式。

參與觀察者和民俗誌學者有時會讓當事人知道自己的身分。有時，觀察者則會掩飾自己的企圖，而採取參與者的姿態（Gold, 1958）。無論如何，研究者都是為了分享當事人的經驗世界，參與這個世界的核心活動，並進入當事人的觀點。參與觀察者的目標無非就是從當事人的觀點去開展世界的意義。

訪談

　　在進行開放式訪談之前，研究者必須先列出想知道的資訊，或是希望回答的問題。有時候，研究者會以焦點訪談的方式來提問（Merton & Kendall, 1946）。問題的措詞與順序應該因人而異，符合個別受訪者的情況。開放式訪談假定，意義、理解與解釋乃是無法標準化的：形式化的固定答案選擇題是不恰當的。開放式訪談因此需要很有技巧的訪員，不但要善於問，更要善於傾聽。這樣的策略很適合參與式觀察、互動研究與敘事蒐集的進行。不要忘了，一個好的訪員說穿了就是一個頂尖的對話者。訪談應該是一種對話，是兩個人之間的言談。道格拉斯（Douglas, 1985, p.15）提出了所謂的「創意訪談」（creative interviewing），指的就是兩個或更多人之間開放與創意的分享經驗，以增進彼此的了解。這其實就是訪談的精髓，不論是從概念或實際上來說。訪談不應該是一方面一直說，而另一方只是簡短回答。一旦落入這種窠臼，訪談就會變成一種威權的不平衡關係，結果，最後的資訊只有取決於社會科學的權力（Douglas, 1976; Couch, 1984, pp.80-81, 186-187; Hall, 1985, pp.314-315）。

傾聽

　　一個好的傾聽者不多言。他（她）懂得讓別人說話。

解釋研究要求觀察者做一個良好的聽眾。首先,不要說閒話。其次,不要插嘴。第三,應該分享自己的經驗,把傳統一問一答的訪問轉變成經驗的分享與對話。如果只是傾聽而不分享,只會造成對方的不信任。第四,必須知道該傾聽什麼。既然要蒐集個人經驗故事與自我故事,研究者必須知道如何在社會團體與情境中出現,以及何時可以聽到這些故事。第五,傾聽者必須有傾聽的理由。換言之,他(她)必須在被研究的社會團體中找到適當的身分。

福克納(Faulkner)形容他的三部曲《哈姆雷特》(The Hamlet, 1940)、《小鎮》(The Town, 1957)和《公館》(The Mansion, 1959)中的敘事人雷特里夫(V. K. Ratliff)是一個「對這個國家民俗瞭若指掌的人」(1940, p.36);但「他並不知道自己在想什麼⋯⋯甚至不知道自己夜裡躺下時是否獨自一人」(1940, p.321)。雷特里夫是一個挨家挨戶推銷裁縫機的旅人。他知道每一個家庭的生命故事。他了解每一個家庭的問題。他知道誰有麻煩,誰很順利。他從不會洩漏任何家庭的故事。他是一個值得信任的傾聽者。他是解釋研究者的典範。

解釋傳記

傳記素材必須加以解釋。以下是解釋的策略。首先,

應該社會團體的脈絡中找出被研究的個人或個案，比如戒酒的人、說故事的母親、努力創作的作家。第二，應該在個人的經驗或自我故事之中，找出或捕捉個人生命核心的問題行為或事件。第三，應該解釋敘事的基本特色。第四，應該把解釋關聯回到被研究的生命本身。以下一一討論。

找出被研究者

視個別的研究而定，要找出被研究者並不難。如果他（她）們有私人煩惱，這些煩惱會把他們帶到相關的公共制度裡。研究者只需到這些制度場所，就可以找到適當的被研究者。找到被研究者之後，應該指出他（她）們的社會定位，比如，已婚、離婚、年老、年輕、男人、女人等等。也就是說，研究者必須找出個人在情境中的歸類與意義。

蒐集問題事件的故事

個人會把自己生命問題的苦惱與故事告訴別人，這些人通常是專門處理這類苦惱的專業人員。比如，上述的印刷工人把自己的酗酒問題帶給戒酒協會的人。第 1 章所提到的被虐妻子則到婦女庇護所求助。因此，研究者只需傾聽和記錄這些場所中所訴說的個人經驗故事與自我故事，然後把這些故事扣結到述說者的傳記。

閱讀敘事，做一個消息靈通的讀者

敘事與故事必須被解釋。個人經驗故事與自我故事的解釋者必須做一個「消息靈通的讀者」（informed reader）（Fish, 1980, pp.48-49; Dolby-Stahl, 1985, p.53）。一個消息靈通的讀者具備以下特點。他（她）必須（1）知道故事所使用的語言，比如何謂「十二步驟電話」；（2）必須知道述事者的傳記，即使只是部分；（3）必須有能力採取述說者的觀點；（4）最好曾經有過類似的經驗；（5）願意為自己的解釋負責；（6）對相關的解釋理論有充分的認識，比如心理分析、記號學、後結構主義、馬克思主義、女性主義、互動論、現象學等；（7）必須假定讀者在閱讀之後可以進行「意義的創造」（the creation of meaning）（Dolby-Stahl, 1985, p.52）；（8）必須知道故事的意義是多元的，並不存在所謂真正的意義〔關於「讀者反應」（reader-response）的理論，參見 Tompkins, 1980〕；（9）必須知道故事的述說者才是故事的作者，因此必須盡可能保留他（她）們提出的意義。以下討論戴比史達爾對「球」故事的解讀（Dolby-Stahl, 1985, pp.58-60），以闡釋上述要點。

「球的故事」

戴比史達爾無疑是一個消息靈通的讀者。她知道母親的個人歷史。她還一度在母親教書的同一個鄉鎮教

書。她和母親上同一所教堂。她完全了解，1920 年代長大的教友教堂（Church of Brethren）。女孩其實都知道男人講的黃色笑話和性語言。她知道，淑女不應該表現出對性的好奇。然而，她在母親所講的故事當中，看到了個人價值與文化價值的衝突。當一個女人講述關於性的故事時，就也體現了這個價值。根據傳統的傳統，只有男人才可以講黃色故事。而透過講述故事，並運用「球」（那兩顆撞到門的籃球）的雙關語，戴比史達爾的母親確認了她也有權利「享受傳統上的男性幽默，並承認自己對性的好奇」）（Dolby-Stahl, 1985, p.60）。

戴比史達爾（Dolby-Stahl, 1985, p.62）指出，在對於「球」故事的靈通閱讀中，「我最真實地感受到她〔即母親〕的信仰……像『球』這種故事的作用在於把講述者相信的事物傳授給聽者」（Dolby-Stahl, 1985, p.62）。這個說法很可能是正確的。但若她能保留母親本身的解釋，將更具說服力。

解釋的步驟

我曾指出（Denzin, 1984a, pp.239-260），解釋或解釋學的時序步驟包括了：

1. 蒐集互動的文本；
2. 把文本當做完整的單位來呈現；
3. 把文本細分成幾個關鍵的經驗單位（experiential

unit）；

4. 對每個單位進行語言學與解釋的分析；
5. 依序開展或解釋文本對參與者的意義；
6. 發展對文本的操作性解釋（working interpretations）；
7. 根據文本各部分的序列，檢驗這些假設性解釋的可靠性。
8. 捕捉文本的整體意義。
9. 展現文本中所發生的多重解釋。

　　戴比史達爾遵循了上述步驟。她呈現了完整的故事敘事。她把故事劃分爲幾個關鍵單位（「把球滾過來」等）。她分析了這些關鍵語句。她把這些關鍵語句的意義扣連到故事中的其他語句。她對於文本發展了操作性解釋，並根據文本各部分的序列來檢驗這些解釋。她把故事視爲一個整體，並在自己的解釋之外，也提出了其他可能的解釋。她的作品因此乃是解釋傳記敘事的典範。

回歸到生命之中

　　戴比史達爾把她的解釋扣連到母親的傳記。她運用這方面知識，來理解母親的故事（她的年紀、教友教堂、印地安那州的鄉下老師）。透過把故事連結到傳記，研究者指出，唯有在參與者的生命之中，互動的經驗才有意義。如果忽略了傳記，將寫出空洞虛幻沒有脈絡的解

釋。比如，戴比史達爾也可以把「球」故事視為單純的黃色笑話，而只需指出「球」象徵了睪丸。如此一來，她母親所使用的百年雙關語「球」，就會被歸類到標準的民俗用語，然後又只是另一個「佛洛伊德式」的解讀（Dolby-Stahl, 1985, p.56）。反之，戴比史達爾把解釋扣連到母親的個人歷史，而提出了靈通的深度解讀，並解釋了故事對於當事人的傳記意義。

印刷工人的故事

我們可以應用上述的步驟，來解釋那個印刷工人在第二次參加戒酒匿名者協會（A.A.）聚會時所講的自我故事。這個故事的問題點包括：擺脫酒精，沒有實現他對父親的諾言，天天買醉，假裝沒有喝，覺得自己是失敗者。這些問題都牽涉到他的家庭背景。他妹妹也酗酒。他的父親靠自己的力量戒了酒。他的太太很體諒他，支持他繼續戒酒。他需要幫助，向 A.A.求助。

作為一個消息靈通的讀者，研究者會把這些點抓出來，比較其他酗酒者第一次或第二次參加 A.A.聚會時所說的故事（Denzin, 1987b, chap.4）。研究者（讀者）會去挖掘當事人的傳記，去了解酗酒何以會在這個家族中主宰了兩代人的生活。反之，一個比較懶惰的讀者只解釋文本，不管當事人的傳記事實。消息靈通的解讀把每個說故事的人都視為一個普遍的獨特個體（universal singular）。戴比史達爾對母親的解釋是如此，沙特對福

解釋性互動論

婁拜的解釋是如此，喬伊斯對他筆下的主人翁史帝芬‧
第大勒思也是如此。

結論

　　本章介紹了研究傳記經驗的方法。研究者必須先蒐
集關於生命轉捩點的個人經驗故事與自我故事；把這些
故事放入述說者的個人歷史之中；蒐集並分析相關的互
動片段。解釋的研究者必須學習做一個良好的聽眾，也
要學習如何從事民俗誌的訪談。
　　要解釋傳記的素材，研究者必須做一個故事與傳記
的靈通讀者。以上討論了如何做一個消息靈通的讀者。
下一章的主題是：如何對各種解釋進行評估。

3

解釋的過程

　　本章處理以下列議題：（1）如何規劃解釋研究的問題；（2）詳論解釋的步驟；以及（3）用以評估解釋素材的判準。

解釋的步驟

　　解釋的過程包括了以下六個階段或步驟。

1. 規劃研究的問題（framing the research question）。
2. 解構（deconstruction）與批判地分析關於該現象的既存概念。
3. 捕捉（capturing）現象，在自然世界中找出現象的

情境，並蒐集多元的事例。

4. 把現象括號起來（bracketing），亦即把現象還原到基本的要素，暫且不論自然世界的脈絡，以便揭露現象的本質結構與特性。

5. 建構（construction），亦即重新組合現象的基本要素、部分與結構，成為一個整體。

6. 脈絡化（contextualization），亦即把現象重新放回自然的社會世界中考察。

以下依序深入討論。

研究問題的規劃

研究問題的規劃可以從兩方面著手：研究者和被研究者。正如第 1 章所指出，擁有社會學想像的研究者懂得運用自己的生命經驗來尋找研究主題。

社會學的想像力

擁有社會學想像力的人掌握了歷史與傳記的思維。他（她）會試圖找出特定歷史時期中常見的各種男人和女人，比如在 1980 年代後期到 1990 年代初期的美國社會中的男人與女人（Mills, 1959, p.7）。這樣的學者會去

檢視「在我們時代中，大眾的首要議題與個人的主要煩惱是什麼」（Mills, 1959, p.11）。擁有社會學想像力的人會自覺地運用自己的親身經驗做研究。社會學想像力並不是社會學家的專利。我們也可以有「政治學的想像力」、「心理學的想像力」、「人類學的想像力」、「歷史學的想像力」以及「新聞學或文學的想像力」（Mills, 1959, p.19）。最重要的是，要有能力進行反省、歷史、比較與傳記的思維。

　　一旦決定想理解什麼經驗，研究者必須找出有過這類經驗的被研究者。解釋研究中的主體（被研究者）自然會進一步釐清研究問題的定義，促進研究的規劃。實際的生命經驗將豐富研究問題的內涵與深度。透過被研究者的解釋，及其與研究問題之間的關係，研究者很快就能釐清現象的概念。因為，現象的概念早已包含在被研究者的自我故事與個人經驗故事之中。研究者想揭露的無非就是，被研究的問題行動或事件如何塑造了被研究者，以及對他（她）們有什麼意義。

　　研究者應該問的是如何，而不是為什麼。正如第 1 章所指出，解釋研究所要檢視的是，互動中的個人如何組織、感知與建構轉捩點的問題經驗，並賦予意義。

　　研究問題的規劃包括了下列步驟：

1. 在個人歷史中，找出想研究的問題傳記經驗。研究者必須從自己的傳記經驗出發。
2. 探討這個問題，作為私人的困擾，或逐漸形成的公

共議題，如何影響許多的生命、制度與社會團體。

3. 找出有這類煩惱的個人所求助的制度或機構（Becker, 1986b）。

4. 開始問這些經驗如何發生，而非爲什麼。

5. 嘗試用一句話總結你的研究問題。

事例：互動的形式

　　過去二十年以來，卡爾·考區（Carl Couch）和他的學生（Couch, Saxton & Katovich, 1986a, 1986b）指出，「如何」的問題乃是爲了找出「社會形式的建構所必需的固定互動序列」（Couch, Saxton & Katovich, 1986a, p.xviii）。他們運用複雜精緻的影音技術，記錄了小團體實驗室的互動序列，成果豐碩。從這一系列的研究，我們對社會活動的基本形式有了深度與社會學的理解。和其他以社會互動爲主題的社會心理學實驗室研究不同的是，考區把焦點放在「如何」，而不是「爲什麼」的因果問題；其次，考區的研究總是牽涉到兩個或更多的互動者，包括兩人或三人一組的合作關係。「如何」的問題永遠都是關於互動的情境。因爲，解釋的焦點永遠都是「人們如何一起做事」（Becker, 1986b）。人們一起做事時必然會產生互動。

情緒經驗以及酗酒的自我

在《了解情緒》（On Understanding Emotion）（Denzin,
1984a）一書中，我只問了一個「如何」：「情緒，作為
一種意識形式，如何被體現、經驗、釐清和感覺？」因
此，檢視了討論情緒的古典與當代理論，大量分析了情
緒經驗的本質，以及兩個個案分析，分別關於家庭暴力，
以及情緒分裂的自我。我走進人們在互動中表達暴力情
緒的具體情境之中，去回答我的「如何」問題。

在《酗酒的自我》（The Alcoholic Self）（Denzin,
1987a）和《戒酒的人》（The Recovering Alcoholic）（Denzin,
1987b）中，我問了兩個「如何」的問題：「一般的女
人和男人如何體現與經驗因飲酒無度所造成的酗酒自
我？」（Denzin, 1987a, p.15）；以及「一個戒酒的自我
如何成形？」（Denzin, 1987b, p.11）。為了回答這兩個
問題，我進入了酗酒者的家庭，以及 A.A.與其他專為戒
酒而設的機構。在這些地方，我找到了為酗酒所苦的個
人，剛好回答了我的兩個「如何」問題。

回答「如何」的問題

要回答「如何」的問題，有四種方式。第一種是個
人帶進正式的研究場所，比如考區的小團體實驗室。然
後進行自然主義式的研究（Katovich, Saxton & Powell,
1986）。其次，研究者可以進入當事人自然聚集的場所。

第三，研究者可以探討自身的互動經驗。第四，可以檢視個人對自己或別人的相關經驗「如何」發生所提出的說明，包括科學、傳記、自傳或文學式的說明（Strauss, 1987）。研究者在發展「如何」問題時，最好同時運用以上的各種策略。接下來探討解構。

解構

所謂解構式的閱讀，就是批判地分析既存研究或理論文獻對於現象的呈現、研究與分析（Heidegger, 1982, p.23; Derrida, 1981, pp.35-36; Denzin, 1984a, p.11）。解構具有以下特色：

1. 揭露人們對現象的先前概念。包括現象如何被定義、觀察與分析。
2. 批判地解釋這些定義、觀察與分析。
3. 批判地檢視這些既存研究背後的理論基礎，即其對人類行為的理論模型。
4. 指出既存理解背後的偏見與成見。

以下是兩個解構的例子。

事例：受虐妻子

　　趙（Cho, 1987）對韓國家庭暴力的社會現象學分析提供了解構的例子。這方面研究的最常見模型是社會交換理論（social exchange theory）。根據社會交換理論，暴力是所有家庭的正常現象，因為婚姻就是一種交換，丈夫和妻子都想用最少的代價換取最高的報酬。當丈夫覺得交換不公平，就會變得很暴力，而使用暴力作為一種資源，以重塑公平的交換關係。社會交換的理論指出了八種等級的暴力：（1）丟東西；（2）推擠；（3）摑掌；（4）踢人；（5）踢東西撞人；（6）毆打；（7）持刀槍脅迫；（8）用刀或開槍。

　　這種理論的預測，妻子之所以願意留在暴力婚姻中，乃是因為報酬仍多過懲罰。反之，當懲罰高過報酬，妻子就會選擇離開。趙指出，社會交換理論有以下缺點：（1）有講等於沒講——除了妻子離開或留下的事實，沒有其他報酬與代價的獨立指標；（2）缺少衡量報酬與代價的客觀尺度；（3）無法測量妻子對情境的主觀定義。因此，社會交換理論缺乏了預測力與解釋力。

　　在方法論上，社會交換理論乃是基於第 1 章所批判的實證主義。根據這套理論，家庭暴力乃是客觀存在於家庭生活中，並且用尺度加以測量；研究者的觀察可以不受情境與時序的因素影響；可以找出直線的因果論。因此，這套理論完全忽略了暴力互動核心的主觀經驗或解釋過程（Denzin, 1984b）。於是，妻子成了暴力婚姻

中的被動承受者。

　　趙對這方面文獻的解構遵循了上述步驟。她根據受虐妻子本身的述說，建立了關於家庭暴力的解釋互動論。

酗酒的自我

　　在我對酗酒的研究中（Denzin, 1987a），有一章處理現代行為科學及其對酗酒行為與酗酒者的觀點，各種關於戒酒治療的理論，酗酒人格、渴望、失控的討論，以及「上癮」作為一種科學概念的探討。

　　這方面文獻中存在了許多偏見，企圖用實證主義的程序來研究酗酒。酗酒者往往被帶到科學家的實驗室。很少有研究探討他們如何在自然的社會世界中酗酒與戒酒。除了少數例外，這類文獻普遍忽略了酗酒者本身的經驗。在這類研究中，酗酒者僅僅被視為客體。研究者所致力發展的，乃是控制酗酒者喝酒的程序。換言之，這方面文獻反映了一個常見的偏見，亦即喝酒只要有節制就是好的。

　　這方面文獻很少採取酗酒者或戒酒者的觀點。而是從現代行為主義的客觀科學出發。根據這類研究背後理所當然的主旨，酗酒只是一般現象，可以應用實證主義科學的規範和圭臬，用實驗與統計的方法來研究。這類研究所提出的問題是「為什麼」的因果問題。而很少關心酗酒者如何感受酗酒的經驗。於是，許多的理論被引

用來解釋酗酒的經驗，包括學習理論、功能論或心理分析。很少人去書寫和解釋當事人的酗酒經驗與意義。這方面文獻很少解釋飲酒的失足問題（slips）。事實上，直到最近（Denzin, 1987b），大多數研究仍只關注有節制的飲酒。〔但也有例外，比如貝特森（Gregory Bateson, 1972）和堤包特（Tiebout, 1944, 1954）的著名研究〕

　　藉著指出現存研究的偏差與成見，我把自己的研究定位在反對的立場上。這就是解構的目標。同樣地，如果有人想把研究奠立在我的立場之上，就必須對我的作品進行解構，因為他（她）必須揭露我在解釋酗酒問題或酗酒者時所抱持的偏見。要知道，沒有任何作品可以免於偏差或成見（Gadamer, 1975）。每一則解釋都包含了成見，或對現象的偏見。

　　解釋學的循環（the hermeneutic circle）。「探索本身乃是詢問者的行為」（Inquiry itself is the behavior of the questioner）（Heidegger, 1962, p.24）。研究者會把自己的基本概念和問題帶進來，正也是研究的一部分。這些概念與問題「決定了我們對主題的先前理解……每一個探索都受到了追尋目標的引導」（Heidegger, 1962, p.24）。研究過程無法逃脫解釋的循環。海德格指出（Heidegger, 1962, p.195）：

> 這個理解的循環並不是一個普通的軌道，任何隨機的知識都可以進入……我們不能把它化約為一種惡性的循環，或只是無可奈何的循環……

> 重要的不是擺脫這個循環，而是以正確的方式進
> 入。

　　解釋研究把研究者與被研究者放到研究過程的核心之中，而進入了解釋學循環。這因此包括了雙重的解釋學循環。自我故事或個人經驗故事的講述者，無疑乃是他（她）個人生命的中心。而閱讀與解釋這個自我故事的研究者，乃是他（她）對故事之解釋的中心。兩個解釋結構因此有了交點。兩個循環的重疊多寡，端視研究者有多融入被研究者的個人經驗或自我故事。這兩個循環永遠不可能完全重疊，因為，被研究者的經驗永遠不可能和研究者一樣。我們只能寄望於研究者的理解。以下將闡述這點。

捕捉

　　捕捉現象，也就是在自然的社會世界中找出要研究的現象。解構所處理的是過去對現象的既存研究。而捕捉所處理的乃是現象的現在，亦即研究者本身所處理的現象。捕捉涉及以下要點：

1.　取得體現該現象的多重個案與個人歷史。
2.　找出被研究的個人生命中的危機和主顯節。

3. 蒐集被研究者關於該現象的多重個人經驗與自我故
   事（Thompson, 1978）。

事例：受虐妻子

　　趙（Cho, 1987）蒐集了六十四個受虐韓國婦女的個
人經驗故事。她的途徑乃是透過韓國漢城的一個機構，
婦女熱線（Women's Hotline），該機構乃是專為受虐婦
女而設，開放時間每天早上十點到晚上六點，周六十點
到兩點。趙在該機構擔任志工。她接到了許多婦女的求
助電話，稍後並訪問她們的經驗。從這些對話中，趙取
得了她後來分析的個人經驗故事。（本書第 1 章引用了
兩個故事）

酗酒的自我

　　在我對酗酒的研究中，我到酗酒者聚集的地方找故
事。我的身分是一個對戒酒匿名者協會（A.A.）感興趣
的研究者。我的家族也有一些酗酒者。我和一些戒酒者
及其配偶子女成了好朋友，也結交了一些戒酒心理輔導
員和其他治療人員。我因此在許多不同的場合中凝聽了
酗酒者的故事，在他（她）們家裡、在喝酒的地方、在
醫院的急診室、在戒酒中心以及 A.A.的聚會。
　　上一章討論的「印刷工人的故事」與「十二步驟電

話」，就是我在這個研究中所蒐集的個人經驗故事與互動片段。戴比史達爾的「球的故事」，同樣是一種現象的捕捉。本書之前所引用的沙特、喬伊斯和杜思索也夫斯基的作品，也是一種現象的捕捉。

透過捕捉，才能把現象呈現給讀者。透過捕捉，研究者呈現了個案經驗的本來面目，或加以重建。研究者也可以根據一個共同的主題，蒐集多重的故事，比如湯普森的做法（Thompson, 1978; Denzin, 1986b）。如此一來，就可以比較或對照不同個人在不同現象階段上的故事。透過多重的故事，可以找出個別經驗的共通點。凡是有助於對現象的普遍了解，就是值得採用的故事。不過，在使用任何故事時，都必須遵循上一章所提出的解釋傳記素材的判準；包括在社會世界中找出主體，做一個消息靈通的讀者，以及把故事扣連回到傳記的背景。（最後一點也是脈絡化的主旨，稍後將加以討論）

括號起來

括號起來（bracketing）乃是胡塞爾的詞彙（Husserl, 1913〔1962, p.86〕）。把現象括號起來，也就是對現象本身做嚴肅的審視。亦即將現象暫時抽離存在的世界。對現象加以解剖與分析；找出、定義與分析現象的要素與基本結構。把現象視爲一個文本，或記錄片；換言之，

當做現象的一個事例。研究者不能根據既存文獻的標準意義，來解釋現象的事例。在解構階段中，研究者已經指出了既存文獻中的成見，在括號起來的階段，我們應該把這些成見放到括號之外。在這個階段，研究者必須盡量使用素材本身所提供的詞彙。

　　括號起來包括以下步驟。這五個步驟可以比較第 2 章所指出的兩個解釋步驟（包括把文本細分為幾個關鍵的經驗單位，並對每個單位進行解釋的分析）。

1. 在個別的個人經驗或自我故事中，找出關鍵的語句和直接談論現象的句子。
2. 做一個消息靈通的讀者，解釋這些關鍵語句的意義。
3. 盡可能取得被研究者本身對這些語句的解釋。
4. 檢視這些意義如何揭露了現象的本質或常見特性。
5. 根據上一步驟所找出的本質或常見特性，提出對現象的暫時定義。

事例：「球的故事」

　　戴比史達爾對母親的故事提出了一個括號起來的解釋。她把故事劃分成許多部分；解釋關鍵的語句；然後，指出這些關鍵語句如何構成了故事的本質與解釋性意義，包括對她和對母親的意義。

印刷工人的故事

　　上一章指出了「印刷工人故事」的幾個要點。我指出，他的故事如何處理了一些議題，包括酗酒者、酗酒以及上癮。我把焦點放在故事的要素，指出這些要素如何透露了現象的特色。我並沒有把這個自我故事及其要素放回酗酒者的生命中。這就是脈絡化的問題，稍後將處理這點。

被毆打的妻子

　　趙對於韓國受虐婦女的個人經驗敘事做了括號起來的解讀，進而指出了韓國家庭中的宿怨結構（關於怨恨，參見 Scheler, 1912〔1961〕）。根據趙的解釋，婚姻中一旦出現暴力，就會產生七個階段的怨恨，包括：（1）渴望在婚姻中找到真愛；（2）被拒絕；（3）感覺恨意；（4）想要報復；（5）壓抑想報復的感覺；（6）深深怨恨；（7）偷偷渴望報復。如果達到最後的階段，一個受虐的妻子很可能會想殺了丈夫。一個妻子這樣說：

　　　　他晚上回來之前。我吃不下睡不著。我只是覺得好恨……十四年的婚姻生活，這種感覺越來越強。我的神經衰弱，必須吃安眠藥才能睡……我真想殺了他（Cho, 1987, p.250）。

趙把個別的經驗故事括號起來,而發展了上述的宿怨理論。在定義上述的關鍵詞彙時(渴望、愛、恨、報復、想殺人),趙都使用了受訪者實際上所說的話。

「括號起來」和記號學

把個別故事括號起來考察時,研究者可以應用記號學(semiotics)的策略。所謂記號學,乃是在敘事或互動的文本之內去解讀字詞與符號的意義(Barthes, 1972; Denzin, 1987c, pp.1-20; Manning, 1987)。透過記號學的閱讀(semiotic reading),將我們的注意力引領到文本的關鍵字彙上。而這些關鍵字(符號)的組織原則乃是語碼(code),或一個包含較大意義的系統(a system of larger meanings)。這些意義的組織原則乃是相對詞(oppositions)。在講述或閱讀的時候,一個文本的意義被充分開展。任何文本都包含了兩類基本符號;隱喻(metaphors),和換喻(metonymies)。所謂隱喻,比如「他像釘子一樣銳利」,或「生命就好像 Peggy Lee 的歌」,乃是利用比喻或相似性來表達事物之間的類同(resemblance)。在隱喻中,一個事物被類比成另一事物,比如「像釘子一樣銳利」。於是,第二個事物闡述了前一事物的意義。而所謂的換喻,乃是使用某件事物的名稱來指涉另一事物,比如用酒瓶來代表喝酒的行為,用 A.A.的刊物大道理來代表清醒,用籃球來代表罩九等。透過隱喻和換喻這兩種符號,一個文本的字詞可

以超越表面的意思，來指稱其他意義。

記號學的閱讀可以從部分運作到整體，也可以從整體運作到部分。記號學的閱讀揭示了一個文本背後的語碼，檢視了其意義組成的相對詞。透過這樣的閱讀，讀者的注意力被引領到文本中的隱喻與換喻；讓讀者了解到，在敘事或互動文本中，關鍵字彙或語句往往具有多重的意義。在記號學的閱讀之中，分析者必須同時進行靜態與動態（或過程）的閱讀。

關於「球」的記號學分析

再以「球的故事」為例。在此，賦予故事意義的較大語碼乃是：一個小學老師和母親講述了一件發生在印地安那鄉下學校的往事。在這套語碼中，包括了一些具有特殊意義的詞彙（體育老師、教練、籃球），比如教練擁有籃球。故事中也存在了一些相對詞，包括（1）男人瞎鬧，女人工作；（2）男人講黃色笑話，女人講公事；（3）糗死人的雞毛蒜皮小事，以及（4）一點也不好笑卻又好笑的事情。

故事中的關鍵換喻乃是「球」，大顆的籃球，以及言外之意的「睪丸」。「球」的意義很複雜。在這個故事裡，「球」的意義慢慢浮現——籃球被滾到她的門口，她喝道：「你幹嘛把球……」，那些男人爆笑，她糗死了，才想到球的雙重意義。

和所有的個人經驗故事一樣，這個母親的故事具有

雙重的複雜性。首先，這個體驗既是有趣的，也是困窘的。其次，當母親在講述故事的時候，這個經驗也是有趣的，但她此時已經抽離了原初的情緒。因此，故事的原始記號學意義並不等同於重述時的意義。在原初的時刻，故事的意義最後是尷尬的。而在經驗發生過後，以及重述當中，又變成有趣的。

記號學的侷限

從個人敘事的雙重結構中，我們看到了記號學策略的侷限。在抽離了脈絡之後，一個字或符號的意義已經不再是當事人在原始情境中的意義。在故事的述說之中，「球」的換喻意義也改變了。

戴比史達爾在解釋母親的故事時，充分考慮了上述面向。記號學的架構只是讓她的解釋更明顯。假若她應用了記號學的架構，她應該會使用語碼、相對詞、意義的開展，隱喻和換喻等概念。

建構

建構乃是建立在括號起來的階段之上。建構的工作包括：分類、排列以及重新將現象組合成一個整體。括號起來的工作乃是化整為零，建構則是化零為整。建構

包括以下工作：

1. 列出被括號起來的現象要素；
2. 根據經驗或過程的發生順序，排列這些要素；
3. 指出這些要素如何在發生的過程中互相影響和關聯；
4. 扼要指出現象的結構與部分如何形成一個整體。

事例：婚姻暴力所導致的宿怨

上一節提過，趙（Cho, 1987, p.249）把受虐婦女的經驗故事括號起來，而指出與定義了暴力婚姻的七階段宿怨。然後，她以下列方式將這些要素加以脈絡化。她一開始就說：

> 妻子渴望⋯⋯愛⋯⋯卻被丈夫的外遇拒絕了⋯⋯然後發生了毆妻事件⋯⋯〔她〕開始對丈夫感到恨意⋯⋯他後來又打她，而她也更恨他。她想報仇⋯⋯強壓著報仇的感覺⋯⋯於是產生了怨恨⋯⋯她復仇的渴望從未停止⋯⋯她計畫著復仇⋯⋯她心中所想的並不是離婚⋯⋯而是要懲罰他（Cho, 1987, p.262）。

在脈絡化的呈現當中，趙對暴力婚姻中的宿怨提出

了進行式的定義與解釋。她以序列的方式,重組了故事的要素,並指出這些要素之間的關聯。

建構的目標

建構的目標在於,以故事內涵的要素來重現實際的體驗。梅洛龐蒂(Merleau-Ponty, 1964, p.62)在討論情緒的現象學時,描述了此一重現的過程。

> 要蒐集情緒所涉及的體驗事實,然後把這些事實涵括在一個本質的意義之下,以便找出共同的行為。

將上文的「情緒」換成「研究的現象」,比如受虐妻子、酗酒、性意涵的故事、謀殺、十二步驟電話、逃家等,梅洛龐蒂的訓示仍然適用。在建構的階段中,解釋互動者必須努力蒐集可以定義現象的實際體驗,以便找出反覆出現的行為模式、經驗或意義。經過現象的建構,研究者才能進行下一步驟的解釋——脈絡化。

脈絡化

脈絡化的起點在於,先前被括號起來和重新建構的

故事主旨和結構。所謂脈絡化，必須把這些結構放回自然的社會世界中，加以解釋並賦予意義。以趙的研究為例，她將韓國受虐婦女對丈夫的宿怨放回她們暴力的婚姻中。換言之，脈絡化就是把先前括號起來所得的知識放回現象發生的社會世界中。研究者必須在個人互動的世界中，重現出現象的全貌。脈絡化把現象放入個人的傳記，以及個人身處的社會環境中。脈絡化必須使用當事人的詞彙，他（她）們的語言，以及他（她）們的情緒，來表達現象。透過對互動的世界進行深度描寫，研究者必須指出，一般人如何經驗這個現象。

　　脈絡化包括下列步驟：

1. 取得並呈現相關的個人經驗故事和自我故事，詳盡勾勒故事所體現的現象本質。為了找出這些本質，必須先把現象括號起來分析，再加以建構。
2. 呈現故事之間的對比，以闡明該現象過程的可能變化，包括階段與形式的變化。
3. 指出實際的體驗如何改變或塑造了過程的基本性質。
4. 比較和綜合這些故事的主旨，統合故事之間的差異，並重新提出對現象過程的綜合說明。

事例：暴力接觸以及運動中的暴力

蕾爾（Rail, 尚未出版）以解釋研究了大學女籃選手的肢體衝撞與暴力經驗。她訪問了十四個選手，請她們解釋比賽中發生肢體衝撞、暴力和犯規的互動序列。蕾爾為每位選手製作了錄影帶傳記，記錄肢體衝撞的動作序列（這些選手乃是加拿大 1986 年到 1987 年間大學代表隊的頂尖選手）。她的目標是要理解和解釋女子籃球代表隊的肢體衝撞或暴力，並指出這種暴力的基本結構。一位選手在觀看自己的錄影帶之後，描述了自己的動作。她並沒有被判犯規。

> 我只是想要切進籃下。因為我在籃下投球最準。那是我的最佳位置，我最強的地方。所以，我知道我一定要到某一點上，才能方便進底線或內場……不管防守有多強，我都要到那個方位去……當我防守對方的籃下時，我也知道很難阻止她到那個位置去。所以，要不要衝撞呢？……大部分情況……我會衝。打內場而不衝撞，幾乎是不可能的。（Rail, 尚未出版, p.26）

在上述的解釋中，這位選手指出，她了解如果要有表現，就必須到特定的位置上。看著影片中的自己，她指出衝撞乃是無可避免的，互動的，也是堅守崗位的必要措施。這樣的說明脈絡化了肢體衝撞的現象。將這個

現象放入一股連續的經驗流之中。並以選手自己的話來解釋與定義現象。

　　以下是同一個選手對不同情境的描述。這次她被判犯規。

　　　　我已經準備再攻一次，尤其我可以看到我的防守球員想操球了。我告訴自己：太好了，我該到我的位置上了。但是……我站錯了位置……我完全站在籃框底下了……我的位置很不利。(Rail, 尚未出版, p.28)

她被判犯規是因為不應該站在籃下，裁判判她衝撞犯規。

　　這些對比的情節指出，肢體衝撞的現象取決於互動的過程；在上一個犯規的例子中，選手對於自己和籃下防守員的位置做出了錯誤的判斷。

脈絡化的目標

　　脈絡化的目標在於指出實際的體驗如何影響和塑造研究所關注的現象。不管該現象是關於受虐的妻子或籃球比賽的衝撞犯規，在參與者的經驗、描寫與意義賦予當中，現象的結構也被改變或塑造了。脈絡化記錄了現象的如何發生。

評估解釋的素材

透過解構、捕捉、括號起來、建構與脈絡化，研究者釐清了現象的焦點。這些解釋活動的目標，如上所述，就是創造適當的素材，作爲進一步解釋與理解的基礎。正如第 1 章所指出，解釋在於釐清經驗的意義。解釋提供了理解的基礎。而理解包括了解釋、認識與領悟一個經驗的意義。理解，亦即把意義回歸到個人的互動經驗中，乃是解釋互動論的目標。

意義的探索

正如第 1 章所指出，一個經驗或事件的意義，乃是建立在三元的互動過程上。這個過程牽涉到個人、客體（事件或過程），以及個人取向於此一客體的解釋或行動。透過解釋的過程，事件或客體被帶入個人的經驗領域中，個人在此定義了他（她）的客體，或對它做出行動。此外，這些解釋也反映了個人持續的自我定義（ongoing self-definition）。這些自我定義包括了情緒、認知與互動的面向，包括了情境中的感覺和行動。意義乃是傳記的、情緒的，並在個人的經驗流中被感覺。將意義回歸到互動的脈絡，亦即探討，個人如何在情緒與傳記上將經驗扣合到持續開展的自我定義之中。這樣的過程必須透過個人經驗故事與自我故事的生產。意義就

在於個人關於自我的故事之中。

下列故事是一個例子。講述者曾經吸毒，如今已經戒毒成功八個月。他對一群參加 A.A.會議的人說：

> 我以前常和老朋友一起嗑藥喝酒、尋歡作樂。有一次連續五天，就這樣過了美國國慶。現在我不喝酒也不嗑藥，我跟他們再也沒有共同點。我是說，我已經康復了，這是我一生中最美好的事。我失去了這些朋友。我現在只有不喝酒和不嗑藥的朋友。我有一個客戶，他是調酒師，老是要我過去喝一杯。我不能跟他說我曾經酗酒，現在不能再喝了。看來我也跟他做不成朋友了。但是，當我跳開來看他們，再看看我自己。我覺得他們好像還留在原地，而我進步了。他們還停在我以前走過的地方。我很慶幸自己不再喝酒、嗑藥，我康復了。

上述的話闡釋了當事人康復的意義。他把康復和失去老朋友這兩件事連結起來。他把喝酒形容成他走過的路，以及他朋友還在走的路，他用這個比喻來講他的戒酒與康復。意義就在他的親身經驗中被賦予了。

解釋的判準

以下是評估解釋素材的幾個判準：

1. 是否闡明了現象的實際體驗？
2. 是否基於深度的脈絡化素材？
3. 是否具有歷史與社會關係的基礎？
4. 是否考慮到過程與互動？
5. 是否吸納了所有相關的資訊？
6. 是否吸收了對該現象的先前理解？
7. 是否連貫而便於理解？
8. 是否未完成？

以下簡短說明。

闡明（illumination）：一個好的解釋必須能夠闡明或重現被研究的經驗過程。因此，解釋的內容必須取材自實際的體驗世界。唯有傾聽一般人的訴說，才能解釋他（她）們的經驗。

深度脈絡化的素材（thickly contextualized materials）：解釋必須取材自經過深度描寫的經驗。深度脈絡化的素材是密集的，不但記錄了發生的經驗，並將經驗定位在社會情境中。不但記錄了思想、意義、情緒和動作，還必須從當事人的角度出發。

歷史和關係的（historical and relational）：解釋的素材也必須是歷史與關係的。換言之，這些素材必須依時序開展，並記錄被研究者之間的社會關係。在歷史或時序上，研究者應該就互動片段的順序來呈現解釋的素材。並將這些素材放到當事人的生命歷史中考察。

過程和互動（process and interaction）：這兩個面向

應該被呈現出來。一個好的解釋應該考慮到過程與互動。這三章所引用的每一個例子都符合了這兩個判準。

　　資訊吸納（engulfing）：好的解釋應該吸納所有的相關知識。也就是說，解釋者必須是一個「消息靈通的讀者」，正如上一章所指出，解釋者必須對現象有充分的認識。透過資訊吸納的工作，解釋者擴展了解釋的架構。凡是有助於解釋與理解現象的資訊，都不能放過。由於解釋和理解都只是暫時的過程，一度被認為重要的資訊，後來可能發現只是枝微末節。解釋和理解永遠都是未完成與不完整的（參見最後一個判準）。

　　先前理解（prior understanding）：資訊吸納的過程也包括吸收對經驗片段的先前理解。先前理解包括了背景資訊，研究文獻中的概念、假設和命題，以及被研究者的資料與初步了解。任何先前理解都不能遺漏，包括研究起始時的初步判斷。因為，研究者對現象的先前理解必然影響了他（她）如何看待這個現象、如何傾聽故事、如何書寫以及如何解釋。因此，先前理解乃是解釋素材的一部分。如果排除了先前理解，將造成偏差的解釋，以及虛假的客觀性。

　　連貫與理解（coherence and understanding）：根據這兩個判準，一個好的解釋所達成的理解應該是一個前後連貫的意義整體。一個連貫的解釋涵括了所有的相關資訊與先前理解。其素材必須是歷史的、關係的、過程的與互動的。一個連貫的解釋必須基於深度描寫的素材。透過有意義的方式，讀者被引領到解釋之中。這就

是解釋的基礎。然後，讀者可以自行決定是否同意研究者的解釋。

未完成（unfinished）：所有的解釋都是未完成的，暫時而不完整的（Denzin, 1984a, p.9）。研究者只要重新看這個現象，就可以再找到新的研究起點。換言之，解釋永遠脫不了解釋學的循環。每當重新加以解釋，研究者的成見與理解都必然塑造了他（她）現在看待問題的方式。這並不是說解釋是沒有結論的，因為事實上每一個研究都得出了結論。我的意思是說，研究永遠是未完成的。如果沒有這樣的認知，將阻斷了進一步解釋的空間。因此，研究者不應該抱持錯誤的觀念，以為可以窮盡一個研究主題的內容。

結論

本章討論了研究問題的規劃。我指出了如何將被研究的現象脈絡化，落實在實際的體驗世界中。我同時提出了解釋的步驟與判準。因為解釋研究的主題永遠是傳記式的，一般男人和女人的生命在研究文本中佔有核心的地位。畢竟那是關於他（她）們的生命與問題。

就某方面來說，解釋研究的目標在於比被研究者本身更了解她自己（Dilthey, 1900〔1976〕, pp.259-260）。研究者往往會得出被研究者想不到的解釋。因為，研究

者的位置可以看到當事者看不到的面向。個人很少有機會全面觀照自己經驗中的因素。反之，解釋者可以看到被研究者的生活全貌。解釋者因此可以用更好的方式來觀照被研究者的生命經驗（Denzin, 1984a, p.257）。無論如何，研究者所得出的解釋必須是被研究者可以理解的。如果讓被研究者覺得莫名其妙，就表示這樣的解釋是行不通的。

4

情境化的解釋

　　任何關於重大傳記經驗的研究都應該被放在自然的社會世界中考察。本章所要處理的正是如何將解釋的研究加以情境化。這些討論延伸了上章所處理的「捕捉」。在捕捉的階段中，研究者要設法取得被研究者親身經歷的多重個案與個人歷史。先蒐集相關的個人歷史、個人經驗與自我故事，再加以解釋。

　　把一個解釋加以情境化或定位，包括以下步驟：（1）指出具有相關經驗的個人在什麼時間與地點聚在一起互動（亦即時機、歷史與構圖的問題）；（2）進入互動的現場；（3）學習這些情境中所使用的語言與意義；（4）將個人、傳記與社會類型扣連到相關的互動情境。

時間、歷史與構圖

研究者必須把人和情境連結起來。這就是時序構圖（temporal mapping）的過程。時序構圖包括了兩個相關的過程：（1）決定現場行動的時序與組織；（2）找出這些現場與個人所佔據的空間，也就是說，這些互動情境在什麼地方發生？任何社會結構的組成都包括了社會情境中一起互動的個人。個人帶著他（她）的苦惱進入公共的情境，或在此情境中經驗這些苦惱。在這些場所，人們訴說著他（她）們的個人苦惱與故事。這些故事就是解釋研究的題材。

時序的構圖

時序的構圖把焦點放在誰和誰在什麼時間與地點中做了什麼。比如，趙所研究的受虐韓國婦女乃是來自中產階級的家庭（這回答了誰的問題）。她們打電話到漢城的婦女救援專線。星期一到星期五早上十點到晚上六點，周六早上十點到下午兩點，她們打電話進來向專業工作者訴說自己的故事（此處回答了「什麼」的問題，即訴說故事；也回答了「和誰」的問題，即向專業工作人員；以及「什麼時間」、「什麼地點」的問題，即漢城和專線開放的時間）。

構圖的過程很重要，原因如下。首先，研究者必須

知道該現象過程在社會結構中的分布狀況，否則很可能誤把研究焦點放在不典型或不具代表性的事例上。其次，構圖提供了現象的歷史向度。每一個被研究的個體，都和相關的事件、危機或問題之間有一種歷史與傳記的關係（就這方面來說，構圖的工作包括了把個人與情境連結起來。稍後我將處理這個問題）。第三，個人聚集的現場——比如團體聚會的地方、專線電話、工作地點、暴力家庭、診所等等——都有其社會結構的歷史。場所的歷史包括兩個向度。首先，場所和其他場所之間有歷史的關係（以下討論）。其次，場所本身也有自己的歷史（比如何時成立）。

時序構圖之所以重要，還有第四個理由，亦即有助於處理傳記與個人的經驗。每一個人都必須經歷時序的構圖，包括研究者。酗酒者、受虐妻子，或籃球選手等，都必須學習他（她）們所參與的互動發生在什麼時間與地點。一個韓國的受虐妻子必須先知道漢城專線電話的開放時間，才可能打電話進入傾訴。一個酗酒者必須先知道 A.A.的聚會時間，才可能參加。一個研究者的處境就跟第一次求助的受虐妻子很像，必須先知道如何進入被研究的社會情境（專線電話及蔽護所）。這是研究者融入現象的過程之一。

事例

在我對 A.A.的研究中，包括了舊團體（始於 1960

年代）與新團體（始於 1980 年代）。新團體的成立乃是始於個人與舊團體的互動。事實上，有些新團體乃是舊團體裡的人所發起。自從三十年前第一個 A.A.團體成立，已經形成一定的慣例與傳統，至今仍影響了新團體中訴說故事的方式。倘若我沒有研究場所之間的歷史關係，就不可能知道這一點。第二個重要的歷史面向乃是場所社會結構之內的歷史。比如，趙所研究的漢城婦女專線成立於 1983 年，是該市第一個專為受虐婦女所設的專線。因此，向專線求助的婦女率先把自己的苦惱帶出了家庭，傾聽的專業人員也是先驅。當一個處理私人困惱的社會機構率先成立，工作人員將聽到獨特的故事，後來成立的其他機構則將聽到完成不同的故事。因為，社會結構所提供的場所本身也塑造了說故事的方式。

進入研究的場所以及時序構圖的階段

在研究者進入相關場所的同時，必須進行時序構圖的過程。這包括了下列幾個階段。這些階段必須配合捕捉的過程（第 3 章），以及找出被研究者的問題（第 2 章簡略討論過）。

1. 找出處理相關苦惱的制度場所。
2. 充分解釋你想進入這些場所並研究這些互動與經驗的原因。（Adler & Adler, 1987, pp.39-43）

解釋性互動論

3. 列出這些場所，取得地址，以及場所中進行互動的時間表。
4. 盡早寫下場所的歷史，及其與其他場所之間的關係（包括歷史與互動的關係）。
5. 找出定時出現的個人。
6. 取得這些人的個人歷史。
7. 開始傾聽與蒐集這些人生命危機與主顯節的個人經驗與自我故事。
8. 不斷探索與修正研究的問題，換言之，詢問個人（與團體）的苦惱「如何」發生，並傾聽他（她）們所提出的答案。

事例：被毆打的妻子

　　第 3 章討論了趙（Cho, 1987）如何取得韓國漢城受虐妻子的資料。她遵循了上述八個步驟。她的研究場所是韓國漢城的婦女專線。她在研究早期就寫下了該機構的歷史，並找出了使用此機構的個人。她取得了機構創始人的個人歷史，並經由志願的接線工作，開始蒐集被虐婦女的個人經驗。她志願投入全職的工作，每星期七天，從早上九點到七點，不只接電話，還處理許多雜務，包括校對、煮咖啡和切水果，並幫忙整理準備登在報紙專欄上的個案故事；就這樣，她進入了研究的場所（亦即婦女專線，周一到周五十點到六點，周六十點到兩

點）。一個月以後，她已經成爲組織中的正式職員。

酗酒的自我以及他們的故事

在我研究戒酒協會時，我進入了酗酒者及其家人會定期聚會的地方，包括開放的 A.A.會議，只要是對 A.A.有興趣的人都可以參加。正如本書第 3 章所指出，我的研究問題是：「一般男人和女人如何經歷酗酒與戒酒」。然後，我著手蒐集關於酗酒與戒酒的個人經驗與自我故事。

我進行時序構圖的步驟如下。第一次參加 A.A.會議，我就把歷屆會議的資料名單蒐集齊全，包括了團體的名稱、成立時間和地址。這份名單囊括了每周四十多次的會議，開會時間是中午十二點或晚上八點。然後，我開始參加會議。經過三個月的時間，終於參加了名單上所有的會議。由於很多會員一個星期經常參加三個會議以上，我常常看到一些熟面孔。就這樣，我變成很多會議的常客。

我開始接觸一些1960年代把 A.A.引進社區的前輩。這些人通常是會議的主席。我會約他（她）們去喝咖啡，他（她）們就跟我談 A.A.的創始，以及個別會議的起源。從他（她）們身上，我知道了每個 A.A.會議的歷史。他（她）們也會告訴我，哪些人參加哪些會議，哪些人一直擺脫不了酒精的控制，哪些人戒酒很成功等等。

在蒐集上述資料時，我也學習了如何傾聽 A.A.的故

事。我開始在每個會議中蒐集與會者的個人經驗與自我故事。我也在會後跟大家一起去附近喝咖啡聊天，傾聽他（她）們戒酒與康復的故事。透過這些方式，我慢慢掌握了社區的 A.A.社會結構。

法國的麵巴師傅

丹尼爾・柏沓克思和艾莎貝爾・柏沓克思-偉恩（Daniel Bertaux & Isabelle Bertaux-Wiame, 1981, pp.169-189）研究了法國的麵包師傅和他們的妻子。他們應用了生命故事的研究方法，探討麵包師傅或麵包工人的工作與生活。他們蒐集了三十個麵包工人的生命故事，以及六十個麵包師傅及其妻子的故事。他們企圖指出，哪些轉振點經驗促成了一個麵包工人出師，自己開業。在法國，各地麵包店裡四萬五千名麵包師傅仍生產了全國90%的麵包。每個麵包師傅和他太太，平均每周工作七十五個小時。麵包師傅一般工作的時間約從凌晨早上兩點到中午或下午一點。麵包店則從早上七點開到晚上八點，麵包師傅負責作麵包，太太則負責看店管帳。

法國的麵包工人（超過七萬人）大多來自外省，他們大都是學徒，來自農村或下層階級。他們在外省做了七年學徒，然後很多人會搬到巴黎，在城市裡的麵包店工作。其中只有一小部分後來自己開業。柏沓克思與柏沓克思-偉恩需要訪問著名的麵包師傅，以及自己開店的師傅。他（她）們也必須研究鄉村和巴黎的麵包師傅。

他們透過麵包公會取得了巴黎麵包師傅的名單。但外省並沒有公會名單。他們以下列方式取得了外省麵包師傅的名單。

> 到庇里牛斯山度假的時候，艾莎貝爾和我去找一個鄉下的麵包師傅。我們首先見到了麵包師傅的太太……當她知道我們並不想買麵包時，就把她先生叫出來。他剛開始很不高興的樣子，不過，當我們自我介紹是想做研究的社會學家時，他們笑著插話說我們原來也是工匠，只不過他們做麵包，而我們做研究……我們在鄉下做了很多訪談。（Daniel Bertaux & Isabelle Bertaux-Wiame, 1981, pp.180-181）

他們就這樣進入了麵包師傅的世界。

麵包工人變成師傅的途徑如下。先跟著一個有名的師傅做學徒。一直等到老師傅快退休的時候，他會開始找繼承人。繼承人必須具備以下條件，首先要有錢買下麵包店，其次必須有一個太太幫他收帳。這個繼承人要先替老師傅工作一陣子，然後師傅會開價把店讓給他。如果這時候準備繼承的學徒尚未結婚，他就會向他喜愛的女子求婚。只要她答應，他就可以跟老師傅簽約買下店鋪。柏沓克思與柏沓克思-偉恩（Daniel Bertaux & Isabelle Bertaux-Wiame, 1981, pp.184-185）描述了這個過程：

解釋性互動論

我們注意到有幾個「白手起家」的麵包師傅……他們說自己很快就結婚了（和女方認識不過數星期），婚後更快就開始經營自己的麵包店——有時候度完蜜月以後馬上開店。其中一個人很有意思地說溜了嘴。當我們問他什麼時候結婚時，他說……當我自己開店時，我是說我1966年成婚的。

找不到妻子的麵包工人只好暫緩開業的計畫。如果新婚太太不能勝任艱苦的看店工作，新開業的麵包師傅可能會倒店。有一個年輕的麵包店老板娘：

　　　經常日正當中就把店給關了，好去做自己的事，因為她有時候心情不好。結果，本來是小鎮上最大的麵包店，沒多久就流失將近一半的顧客。退休師傅們也虧損了半生的積蓄……他們就住在樓上，其中一個老師傅因為承受不了一生經營的老店沒落的事實，沒多少就病死了。（Daniel Bertaux & Isabelle Bertaux-Wiame, 1981, p.183）

　　　透過這個研究，我們知道，運用生命故事和解釋的方法，研究者可以找出生命關鍵經驗的一般結構與社會關係過程。伯沓克思和伯沓克思-偉恩所蒐集的法國各地九十個麵包師傅或工人的生命故事，在「社會結構的關係層次上」（at the level of sociostructural relationships）

揭露了這個特殊產業的歷史（Daniel Bertaux & Isabelle Bertaux-Wiame, 1981, p.187）。事實上，只要運用得當，一個麵包師傅的故事就足以訴說全部的故事。但一直到研究結束，這兩個研究者才知道這一點。

學習語言及其意義

當研究者融入研究的場所，最重要的事就是學習其中的語言和意義。每一個團體都會形成自己的**觀念語系**（ideolect）（Barthes, 1967），或特殊語言。這樣的語言必然包括了一般語言不時興的詞彙和概念，同時對某些日常詞彙賦予了特殊的意義。此外，也包括了一套語碼（code），或字詞組織的規則。這樣語言必然也包括了特定的制度與歷史傳承，這些都是研究者必須挖掘的。由於每個團體都是一個特殊的語言共同體，研究者必須先學習他們的語言。

學習語言的步驟

學習語言包括下列步驟：

1. 找出場所中關鍵的常用詞彙和語句。
2. 指出場所中的社會典型——菜鳥、老鳥或新人等——

如何使用這些詞彙。

3. 找出使用這些詞彙和語句的關鍵文書或口述文化文本。

4. 指出在團體的社會結構與文化中，場合、性別與時間長短如何影響詞彙的意義和用法。

5. 蒐集詞彙中所蘊含的故事與陳述。

6. 將這些詞彙和當事人的個人經驗連結起來，指出詞彙的意義和用法如何組織個人的經驗。

學習語言需要花一段時間（見以下的討論）。

語言和理解的過程

　　語言組織並創造了理解和解釋的過程。正如第 1 章所指出，解釋釋放了一個事件、陳述或過程的意義。在理解的過程中，一個人捕捉了解釋所釋放的意義。理解和解釋乃是情緒的過程，涉及經驗與意義的分享。如果不能了解經驗核心的語言與意義，就不可能分享經驗。有了共通的語言理解，才能夠建構共同的過去與未來的展望（Couch, 1984, p.1）。有了共通的語言和意義，才能夠達成相互的理解（Couch, 1984, p.38; Denzin, 1984a, p.137）。因為，個人和別人可以在互動中形成共同的語言、意義、詞彙和語句（Perinbanayagam, 1985）。這些共同的語句和意義，又轉而促成了共同的意義經驗。

事例：A.A.的語言

　　在研究 A.A.時，我就必須學習一套全新的語言。我遵循了上述的步驟。我試圖找出關鍵的詞彙，留意不同類型的 A.A.成員如何使用這些詞彙，並開始閱讀 A.A.的基本刊物，包括《大道理》（The Big Books）、《十二個步驟和十二種傳統》（Twelve Steps and Twelve Traditions）。我記錄下 A.A.語言的不同用法，蒐集這些語言所講述的故事，並研究這套語言如何影響當事人持續的個人經驗。

　　A.A.是一個獨特的語言共同體，有特殊的語句、語碼、詞彙和意義。這些都不是外來者可以馬上了解的。以下是幾個例子：到底了（bottom）、巴伯博士（Dr. Bob）、「怎麼做」（How It Works）、歸屬團體（home group）、GSR、十二十二（12 & 12）。我第一次參加會議時，根本不知道這些詞彙是什麼意義。慢慢地才知道，原來「到底了」指的是墮落到了極點，以致於不得不來 A.A.，而巴伯博士是 A.A.的創辦人之一〔羅伯・史密斯博士（Dr. Robert Smith）〕，「怎麼做」則是指第一次會議時要閱讀 A.A.十二個步驟，GSR 原來是指「團體服務代表」（Group Service Representative），而 12 & 12 乃是 A.A.刊物《十二個步驟和十二種傳統》。

　　有些詞彙的定義可以在 A.A.的刊物上找到。有些則是 A.A.成員私下的習慣用語，唯有透過私下談話才能了解其意義。我學習這套語言的方式就是靠閱讀 A.A.刊物

（Denzin, 1987a），以及參加聚會。如果不懂這套語言，我就不可能去解釋他們在聚會中所講述的故事。如果沒有這層理解，我就不可能參與 A.A.的共通經驗（參見以下的討論）。

菜鳥、新人和老鳥

　　當 A.A.的聚會話題談到酗酒者的自我，這些關鍵詞彙就變成了他（她）的 A.A.術語。當一個成員學會了 A.A.的語言，他（她）就變成了 A.A.社會結構中的一份子。在 A.A.，語言的使用有四個階段：菜鳥（剛接觸到 A.A.）、新人（已經決定要成為會員）、常客（來了至少一年）以及老鳥（具備十年老資格）。在以下各節，我將舉例說明菜鳥、新人和老鳥的語言。

菜鳥

　　看看以下引文中的自我故事。這是一個酗酒者在治療中心講述的故事。他正在向輔導人員說 A.A.的步驟。

　　　步驟究竟是什麼鬼？我連他媽的號碼都記不起來了，還說什麼步驟。這到底要怎麼搞啊！我哪知道怎樣才算搞定啊！什麼鬼啊……這「計畫」？這些話究竟是什麼意思？我連看都看不懂了，還沉思個屁啊！什麼叫做「更高的力量」？

什麼叫性格中的缺陷？怎麼樣才叫做補救？老
天，我一句也看不懂……！我要怎麼辦？快幫幫
我。（30歲，售貨員，第一次接受治療）

這個人顯然不太熟悉 A.A.的語言。他不知道什麼叫
做「步驟」、「計畫」、「沉思」、「更高的力量」、
「性格中的缺陷」，以及「補救」。既然不知道這些詞
彙的當然意義，他就無法將它們應用到自己的經驗當
中。但若他成為 A.A.的成員，只要假以時日，他就會學
習到這些詞彙的意義。慢慢地，他也會習慣這套語言，
不再感到彆扭。

新人

以下的講述者是一個已加入 A.A.七個月的新人。讀
者可以比較這段話和上述引文。

我看了《大道理》裡面的故事「惡性循環」。
我的情形就是這樣。我可以幾天不喝酒，可是一
喝就停不下來。我已經來七個月了，也已經保持
了三個月的清醒。過去我沒法子一直不喝。總是
會發生一些事。可能是被老闆罵了、我媽生病了、
車子發不動了，或者是綠灣足球隊又輸了。我可
以找到任何該死的藉口，然後又是爛醉。我的工
作幾乎要丟了。現在我的老闆對我很滿意，一切

都很好。我終於找到了一個贊助人，敦促我定期參加會議。我進步了。昨天晚上，我又起了喝酒的念頭。我妹妹打電話罵我沒種，只因為我戒酒了。她也是個酒鬼，我戒酒的事讓她很恐慌。她希望我繼續喝酒。三個月前，我一定會出去喝，滿足她的願望。現在我再也不必了。（私下對話，1985 年 1 月 10 日：48 歲的機械工，未婚）

這個人正在參加第一步驟會議（First Step Meeting）。他講述的對象是一個第一次參加會議的人。七個月前，這個講述者也是一隻菜鳥。如今他已經學會了如何講述自己的故事，並且將自己的故事比擬做 A.A.《大道理》中的故事。

老鳥

以下的講述是一位已經在 A.A.三十多年的老先生，他已經以 76 歲的高齡逝世。他援用了 A.A.（1976）《大道理》中的故事架構，來講述自己的故事。《大道理》收錄了四十四則生命故事，開宗明義指出「我們的故事揭露了我們以往的樣子、過去發生的事情以及我們現在的樣子」。

比爾‧威爾森也可以來講我的故事。我們情況相同，都是在商界中前途看好的壯年。教育背

景優良，父母慈愛，妻子賢慧，家庭美滿。什麼都有了。上午時間就開始喝高級的社交酒，最好的酒，最好的酒吧和餐館。好日子。但酒是越喝越兇。我連公事包都放了瓶酒。每天早上都要啜飲幾口，才開始上班。午餐吃得很早，以便喝上幾杯，免得手會開始抖。接著，我開始晚歸。一開始只是去喝幾杯，結果變成整晚爛醉。我變成了一個對家庭不負責任的男人。我的工作也開始出錯。我的表現不再像以前一樣好。我決定換工作。我換了工作，情況也好轉了一陣子。然後我又是越喝越多，有時候中午就離開公司了。有時候禮拜一就請病假。到最後，只要超過一個小時沒有喝就受不了。我太太終於帶著孩子離開了我。我跟她說：「下地獄吧！」我在城裡找了間高級公寓。嘗試過單身漢的生活，結果只是越來越墮落，終日與酒精為伍。我進了療養院戒酒，可是出院的第一天又喝醉了。那時候我四十出頭。我在療養院裡聽人談起過 A.A.，我也讀過傑克・亞力山大的文章。一個朋友給了我一本 A.A. 出的《大道理》，我看了兩眼就扔了，繼續喝酒。最後我丟了工作，什麼都丟了。我必須再去戒酒，但這次是決心要戒了。我進了一個 A.A. 的聚會，並且看了《大道理》。這次我真的讀了它。完全符合我的情況。我知道我是一個酗酒者。他們說我只要按照書裡的簡單計畫做，就可以得救。我

開始去參加聚會。我找到了一個贊助者,戒了酒,並保持清醒。一年以後,我重新得到了以前的工作,我太太和孩子也回到我身邊。到現在我沒有再酗酒。我的生命扭轉了。這一切都要感謝 A.A.,感謝比爾・威爾森(Bill Willson)、山姆・舒麥克博士(Dr. Sam Shoemaker)和巴伯博士(Dr. Bob),以及所有幫助 A.A.繼續存在的老前輩。早年的時候,我們甚至每天晚上開五百公哩的車,只為了參加 A.A.的會議。你知道,那時候還沒有那麼普遍。我們很團結,彼此幫助。就像你們現在一樣。(私下對話,1982 年 5 月 2 日)

　　上述三個故事有很多地方需要說明。第三個講述者假定聽者知道誰是比爾・威爾森(A.A.的創始人之一)。第二個講述者則假定聽者知道《大道理》中的一個故事。比爾・威爾森正是《大道理》的作者,所以,當一個講述者使用這兩個詞,他必然已經把自己的故事放入 A.A.的歷史之中。第三個講述把自己比做比爾・威爾森,包括在商界看好的前途、教育背景好、父母慈愛等等。在講述自己的故事時,他彷彿已經是比爾・威爾森本人。事實上,當他講述自己的故事時,他所講述的乃是美國 A.A.的故事版本。於是,他將他的聽者引領到 A.A.的傳說當中。

　　第三個講述者提到了 A.A.簡單的「計畫」。所謂簡單的計畫,事實上一語帶過了 A.A.的十二個步驟與十二

種傳統。這個計畫還包括了「更高的力量」、「每日沉思」、「祈禱」、「冷靜的祈禱」、「第四和第五步驟」、「傳遞訊息」等等。上述的第一個講述者因為是第一次參加會議，所以欠缺了對這些詞彙的認識。而第三位講述者只用「計畫」一詞就指涉了整個相關的意義整體，包括整個 A.A.步驟與傳統的全貌。「計畫」一詞一語帶過了這些詞彙的關聯與意義。

第三個講述者的故事充滿了 A.A.的歷史，以及 A.A.語言中的特殊意義。第二個講述者只在 A.A.七個月，證明了他知道如何操作 A.A.的語言。他的故事也包括了其中 A.A.語言的用法，包括「清醒」（sobriety）（意指沒有喝酒並且照「計畫」做）和「贊助者」（sponsor）（一名 A.A.會員，負責幫助當事人保持清醒並遵行「計畫」）。

解釋語言

解釋乃是語言的過程。研究者在進行解釋之前，一方面必須學習被解釋者的語言，另一方面必須學習如何解釋該語言。正因為如此，上述 A.A.故事的第一個講述者才要問輔導員何謂「步驟」。他必須應用 A.A.的語言來看待自己，但他尚未學會這套語言，因此無法解釋這套語言的功能。何況，要學習如何解釋一套語言，必須檢視說話者使用這套語言的方式。也就是說，必須對這套語言、說話者及其聽眾具有歷史性的了解。同時，也必須了解一個詞彙或語句所可能代表的意義。

當說話者學會一套語言，並加以運用，這套語言也就開始組織他（她）的經驗。就這層意義來說，是語言在替說話者發言。是語言賦予說話者一套特定的詞彙，讓他（她）可以傳達或捕捉其他詞彙所無法傳達的經驗意義。上述 A.A.故事的第一個講述者正是因此著急。他還不知道如何把 A.A.的語言應用到自己的經驗上，所以無法解釋自己的經驗。他碰到了障礙，並尋求幫助。

　　應用解釋方法的人必須學習並掌握語言所包含的雙重結構。他們必須先學習被研究者的語言。然後學習這套語言的各種可能用法。此外，在傾聽被研究者的自我故事時，他們必須學習如何在故事的社會文本中閱讀和拆解這套語言的語碼。就這層意義來說，語言乃是一扇門，引領我們進入被研究者生命的內在解釋結構（Dougherty, 1985, pp.4-9）。

個人、傳記和社會典型

　　同一套語言，不同的人往往有不同的用法與理解。這就是上述討論的重點，也是我為什麼要引述三個講述者——菜鳥、新人和老鳥——來討論 A.A.語言的原因。學習語言的第二個步驟（上一節所指出），涉及不同典型的人如何使用這套語言。這包括了兩個交互關聯的過程：（1）找出社會典型的個體；（2）把個人及其傳記

連結到互動的情境上。這就是關於解釋的情境化，研究者必須開始對傳記的資訊分門別類。

事例：A.A.的社會典型

隨著研究的推展，研究者漸漸勾勒出被研究者的社會典型（social types）。當一個人的行動代表了某種社會情境中的典型行為，他（她）就可以說是一個社會典型（Johnson, 1975, pp.96-98, 122）。一個社會典型類型化了（typifies）（Schutz, 1964）一種常見行為模式，不論是自我表達、情緒表現、人際關係、說話方式或實踐社會價值與社會團體中習以為常的意義。歐倫・克列普（Orin Klapp, 1964）分析了美國社會中的許多社會典型，包括英雄、壞人和傻瓜。克列普（Klapp, 1964, pp.21-22）是這樣描述社會典型的：

> 一個「社會典型」是特定環境中的一種人或角色，比如花花公子、吝嗇鬼等……所指的乃是特定職業類別或社會層次中可以找到的一種個性。但這並非一種人格類型，像心理學家所描述的個人傾向，不過還是可以指稱一種顯著的特性，顯著到只要對相關的環境有一定認識，就可以辨識出這種典型。

克列普以 1960 年代南加州地區的高中為例，舉出

了一些社會典型，比如「surfer」（愛衝浪的人）、「cool head」（頭腦冷靜的人）、「brain」（大腦發達的人）、「soc.」（愛社交的人），以及「ivy-leaguer」（可以上常春藤的菁英學生）。身為一個社會典型，一個人的所做所為，在特定的社會情境中，會很容易被辨認出來。而一個人之所以會被視為某種典型，主要是根據團體的既定價值觀，以及習以為常的意義。

在 A.A.當中，也有一些不同的社會典型。透過個人的行動、言說、態度、人際關係與飲酒或清醒的歷史，A.A.的成員構成了一些典型。以下是 A.A.成員看待彼此的一些類別。一個新進的會員（和研究者）可以辨認出以下幾種典型：（1）新人（暫時的）；（2）老鳥；（3）「枯燥」的老鳥（很難相處的老鳥）；（4）專講「大道理」的巨人，或開口閉口談「步驟」的人；（5）「失足的人」（經常受不了誘惑又喝酒的人）；（6）露宿街頭的人；（7）「瘋子」或心智失常的人；（8）「愛講話的人」（總是在會議上比別人講得多）；（9）「詐欺」的騙子（跟別人借錢不還）；（10）來這裡「追求」異性的人；（11）孤鳥，沒有朋友的人。

任何 A.A.團體都會包括以上幾種典型的人。當然，一定還有其他典型，比如戒煙的人、討厭香煙的人、「反上帝」的好戰份子等等。這些典型並不是固定的（個人可以從新人變成常客，從常客變成失足者，等等）。對於一個新人來說，這些典型定義了身為 A.A.成員或不做A.A.成員的方式。一個新人學會這個分類架構之後，可

以根據自身經驗來加以修正。事實上，每一個典型的個人都代表了一種獨特的 A.A.經驗。這些典型「結構了」個人形式的 A.A.經驗，賦予其最初與後續的意義和解釋。唯有透過參加聚會，確實進入個別的 A.A.文化，才會認識這些典型。一個成員必須學會辨識這些典型，因為每一個典型，作為個體，都代表了一種在 A.A.身為「酗酒者」的方式。

解釋傳記和社會典型及其關聯

這些典型都說 A.A.的語言。在傾聽不同典型個人訴說自己的 A.A.故事時，新的成員也學習了這套語言。隨著 A.A.經驗的增加，個別典型的意義會逐漸消解，進而消失，轉變成個人傳記中的特定資訊。以下是一個老鳥對一個新人說的話，從中可以看到典型如何轉變成傳記資訊。對話中談到的 B 乃是 A.A.會議的常客，經常瘋瘋癲癲的。

老鳥：不要擔心 B，他其實是個大好人。連一隻蚊子也捨不得殺的。他只要吃藥就沒事了。只不過有時候會忘了吃，然後就像今天這樣。他知道他的「計畫」，他也做服務。他只是會有一些不太好的時候，像今天。

A.A.的社會典型分布很廣，遍布整個 A.A.的社會結

構。A.A.也包括了一個以社會階級為主的階層系統，而個別的典型往往特別容易出現在以特定社會階級為主的會議中。

除了階級之外，A.A.也包括了一個依不同清醒程度而定的階層系統。在某些團體，大多數人都戒酒不到一年，亦即清醒不到一年。另外一些團體，則主要包括清醒很久的成員。在上述兩個階層系統之間，也可能產生流動。中產階級的新進成員一開始可能會參加清醒程度較低的團體，戒酒一年以後，才轉到清醒程度較高的中產階級團體。在這個過程當中，交錯著團體的歷史、個人的傳記，以及 A.A.團體在地方社區中的構圖。

正如上述的 A.A.例子所指出，研究者在這個階段必須把社會典型定位在被研究的社會結構中。透過這些典型的辨識，研究者深入了被研究的社會世界之中。然後，研究者必須把這些互動的個人扣連到特定的社會情境。這就是下一個主題。

扣連個人和互動的情境

上述的對話指出了，一個新人如何獲得對特定 A.A.成員的了解。隨著這個學習的過程，一個成員（或研究者）學會把典型、個人、傳記連結到互動的情境中。這是研究的最後一個階段。在這個時候，研究者必須將個

人扣連到情境或團體。然而,研究者必須先找出社會結構中的相關情境,才能勾勒出個人在情境中的構圖。畢竟研究者在被研究的團體中只認識少數的個人。

透過時序構圖的知識,研究者才能著手把個人和情境連結起來。在時序構圖階段,研究者探討誰和誰在什麼時間與地點做了什麼事。為了獲得這方面知識,研究者必須先成為相關情境的常客,以便定期接觸團體的成員。在此,研究者必須把傳記歷史和社會情境扣連起來。

事例:學習 A.A.的社會結構

以下是新人獲知 A.A.社會結構的方式。透過參加不同的會議,新人開始認識一些面孔和名字。在特定會議上,他(她)會看到其他會議中見過的人。很快地,他(她)就會知道哪些人是哪些會議的常客。於是,這個新成員學會把特定的人和特定的會議連結起來。換言之,他(她)找出了個人和團體之間的構圖。

以下是一個新人和常客的對話:

嘿!克萊斯特,我在每一個會議上都看過你(這個新人兩個星期之內參加了三個會議)。你參加鎮上每一個會議嗎?你一定很忙。你會不會參加星期五晚上的開幕式?我可以帶我太太去嗎?

這個新人就宛如 A.A.的研究者，必須學習把個人和團體連結起來。這就是一個研究者的工作。

　　A.A.要求新人在九十天之內參加九十個會議。很少有人達到這個目標。但若有人真的做到，他（她）會很快認識社區每個會議中的常客。以下是一個年長 A.A.會員對一個新人說的話。

　　　　多參加會議。參加星期一晚上的會議吧。帶你太太去，她可以去 Al-Anon（譯註：Alcoholic Anonymous 的簡稱，即 A.A.，戒酒者匿名協會）。星期二晚上可以去_____和_____的會議，還有_____（都是小鎮上的會議）。星期三可以參加教堂之夜。那邊的人都很清醒。星期四可以去俱樂部，或_____。星期五，則不妨去_____，或醫院，或同性戀會議，或開幕式。我們在星期五晚上有很多會議。我以前總是在發周薪的時候喝酒。星期五嘛。你最好找一個星期五的會議。所有的會議都可以去看看。星期六可以帶你太太去參加治療中心的開幕式，或者是_____的小型閉幕式。禮拜天不妨去教堂，你一個星期至少要去五個會議。所以多看看。多認識每個團體。你會聽到很多和你同病相憐的故事。和他們多接近。可能的話，找一個贊助者。試著找到一個歸屬團體，然後再找一些也有幫助的團體。多參加團體，才能保持清醒。

如果這個新人聽從上述勸告，他會參加社區裡的大部分A.A.會議。他必須花上好幾個星期，才能走遍所有的團體。不過，他也會因此結識社區中所有會議的常客。

研究者作為新進成員以及一個認識的主體

研究者的處境就宛如一個 A.A.的新進成員。他（她）必須學習勾勒出一個社會結構的圖像，以便把個人與情境連結在一起。他（她）就像是一個新進成員，必須學習新的語言，以及如何把這套語言應用到個人的經驗上。

研究者所努力的目標在於，在被研究的社會結構中，成為一個見多識廣的成員。他（她）要設法認識團體中的典型成員。事實上，他（她）必須去認識任何事情，只要有助於深度解釋手邊的個人經驗故事。換言之，研究者希望成為情境中的全知主體（all-knowing subject）。問題是，這可能嗎？在一個情境中，真的可能存在一個無所不知的全知主體嗎？答案當然是，不可能。哈伯瑪斯（Habermas）、馬庫思（Marcuse）、阿多諾（Adorno）、霍克海默（Horkheimer）等批判理論家討論了這個問題（Bottomore, 1984），並倡議創造一個新的社會結構，促使人類早日擁有不受扭曲的有意義溝通。在這樣的社會結構中，當然可以有認識的主體，

因為他們將可以充分理解到是哪些力量塑造或侵犯了他們的經驗。

然而，一個全知的認識主體只是虛構。研究者頂多只能寄望於被研究者，希望他（她）們作為反省的主體，去訴說自己和別人的故事。研究者，和被研究者一樣，永遠脫不了解釋學的循環，永遠必須從既存的先前理解與解釋出發，去看待眼前的情境與結構。我們永遠不可能對一個主體或情境，擁有所謂完全的、客觀的和全面的知識。下一章將繼續討論這個問題。

結論

本章處理了把解釋研究加以情境化的四個步驟。包括以下的問題：時序構圖，進入研究場所，學習當地的語言，以及把個人、傳記與社會典型扣連到互動的情境中。此外，我也引用了許多研究的例子。最後，我把研究者比擬做社會團體中的新進成員。

解釋研究所探討的乃是，社會團體和社會結構如何創造了一定的條件，讓個人去經驗或表達他（她）的私人苦惱。整個討論形成了一個循環。在原始的研究場所，不論是 A.A.的會議、婦女熱線或法國麵包店，研究者都必須先考察社會結構背後的歷史。而社會結構的主要成份，團體成員，形成了各種社會典型。這些社會典型，

也有他（她）自己的歷史，並融入其他團體成員的傳記經驗之中。於是，當研究者處理個人之間的關係、轉捩點的社會經驗、個人的經驗故事，以及社會團體，解釋研究又回歸到了歷史的研究。

5

深度描寫

　　本章的話題是深度描寫。描寫是描述或以文字說明
某件事的藝術。在解釋研究中，深度描寫必須以深刻、
密集與詳盡的方式，來描寫相關的主題經驗。這些說明
經常包括了行動背後的意向與意義。反之，表面描寫省
略細節，只報導單純的事實。表面描寫因此又稱為泛論。
在本章，我將比較各種類型的描寫，並提出各類描寫的
事例，以便指出這些類型與深度解釋之間的關係。

深度描寫是什麼

　　解釋互動論企圖引領讀者進入實際的體驗世界。其
主要的目標在於，創造一個文本，讓有心的讀者感同身

受地分享文本中所捕捉的經驗。透過這種分享，讀者自然而然地會去迴應文本中的經驗（亦即進行自然主義的概推）（Stake, 1978, p.5）。這就是深度描寫的工作。深度描寫創造了逼真性（verisimilitude），捕捉和記錄了實際經驗的聲音，或「世界的散文」（Merleau-Ponty, 1973）。深度描寫將經驗加以脈絡化，並包含了深度解釋所需要的素材。深度解釋將是第 6 章的主題。

正如第 1 章所指出，深度描寫不只記錄了一個人所做的事情，還超越了事實與表象，刻劃出個人經驗中的細節、脈絡、情緒，以及將不同個人連接起來的社會關係網絡。深度描寫喚起了個人的情緒性和自我感。這種描寫必須把歷史的向度插入經驗之中；指出經驗，或事件序列，對當事人具有什麼意義。深度描寫必須捕捉個人在互動中的聲音、感覺、行動與意義。

效度與逼眞性

深度描寫創造了逼真性；亦即宛如真相重現的陳述，讓讀者有如身歷其境或感同身受。深度描寫包含了有效的經驗陳述；所謂有效，在於有能力創造建全、適當的說明，並可加以確認或證實。

深度描寫有很多不同的類型。本章將檢視各種類型的深度描寫，比較各種形式的表面描寫。我將依序處理以下議題：（1）深度描寫的事例；（2）表面描寫的類型和事例；（3）深度描寫的類型；（4）好的和壞的深

度描寫；（5）描寫與解釋的關係。

深度描寫的事例

要定義深度描寫，方法之一是和表面描寫加以對照。萊爾（Ryle）提供了表面描寫的事例：

你聽到某人提到：「今天是 2 月 3 號。」他在做什麼？顯然，如果要對這個行動做一個最表面的描寫，可以說，他就宛如一台留聲機。換言之，他所做的就是把這些音節發射到空中。（Ryle, 1968, pp.8-9）

以上是對一個人行動的表面描寫。這種描寫缺少了細節和密度。而前幾章已經提出了許多深度描寫的事例，比如杜思妥也夫斯基《罪與罰》主人翁殺人的場景。以下是更多深度描寫的事例。

事例：凌遲示眾

傅科（Foucault, 1979, p.3）以一場公開凌遲的場景描寫來開始他的名著《規訓與懲罰：監獄的誕生》（Discipline and Punish: The Birth of the Prison）。以下

是他所提供的深度描寫。

> 1757 年 3 月 2 日，試圖刺殺國王未遂的刺客達米安（Damiens）被判「在巴黎教堂正門前公開議罪」。在教堂門口，他被放在囚車當中，只穿一件襯衫，手舉著一支兩磅重的蠟炬……在行刑台上……火熱的鉗子刺向他的胸前、手臂、大腿和小腿，把他的肉撕扯下來……然後用四匹馬拉扯他的四肢，將他解體，最後將他的身體焚毀，挫骨揚灰。（Foucault, 1979, p.3）

一個視察的官吏提供了以下說明：

> 刑吏捲起衣袖，拿起鐵鉗……先在右邊的小腿扯下一塊肉，然後是大腿……然後是胸口……達米安……哀號……「寬恕我，上帝」。（Foucault, 1979, p.4）

上述的深度描寫重建了當初的歷史情境，亦即一個企圖殺害國王（弒君）未遂的刺客被行刑與凌遲的場面。如果是表面描寫，則可能只陳述「1757 年 3 月 2 日刺殺國王未遂的刺客達米安被處絕」（傅科花了好幾頁來呈現行刑的場景）。[1]

學習彈琴的手指

社會學家大衛・桑德淖（David Sudnow, 1978, pp.9-10）描述當他學彈爵士樂的時候，手指如何在鋼琴鍵盤上活動：

> 坐在鋼琴前面彈出和弦，當手指在鍵盤上移動的時候，整個和弦就出來了，整個鍵盤就好像是一個相關任務的田野……
>
> 有 A 和弦和 B 和弦的分別……在彈 A 和弦的時候，手動的範圍很壓縮，而在彈 B 和弦的時候……伸展的範圍則很廣……初學者往往一不小心就會從 A 和弦跳到 B 和弦。

他精確描寫了自己的手指如何在鍵盤上尋找適當位置。反之，表面的描寫可能只陳述「我在學彈琴時遇到了一些困難」。在下列引文中，桑德淖（1978, p.30）描寫了他學琴數月後在一群朋友面前的表現。

> 音樂好像有自己的生命。樂聲環繞著我。我在音樂的中心點……我試著演出我練習一整天的爵士樂……我的身體搖晃著，宛如坐在一匹野馬上……在轉換和弦的時候，左手跟著樂章或多或少規律地拍打，演出旋律的右手則比較平緩，穩穩地配合低音吉他手和鼓手的背景節拍，而達到

了彼此之間最疏遠的關係。

在以上描寫，桑德淖解釋了他演奏爵士樂時的身體動作。他在觀看自己的動作，他同時描寫了自己的感覺和行動。這和上一段的描寫不同，上一段學琴的過程只描寫了動作。

鬥雞

人類學家克利福・吉爾茲（Clifford Geertz, 1973, pp.414-415）描寫了他和他太太在巴里島看鬥雞的時候，如何逃避警察的取締。

> 一卡車配帶機器步槍的警察咆哮著。群眾全發出了尖叫，「條子來了，條子來了！」警察接著跳出來……大家一窩蜂地衝了出去，奮不顧身地翻過牆……我太太和我決定……這個時候也只能走為上策。我們從主要的那條大街跑過去……跑到一半，碰到了另一個也在逃的人，他一溜煙衝進了一間屋子——那是他家……我們也跟著衝了進去……他太太……以前也因為看鬥雞而躲過警察，馬上搬出了一張桌子，鋪上桌布，奉上三杯茶，而我們三個……全都坐著……試著先鎮定下來。

如同桑德淖的第二段描寫，吉爾茲同時做了描寫和解釋。如果只是表面的描寫，則可能只陳述「我太太和我看到警察來了，趕快跑開，最後跑到了一個當地人的家裡喝茶」。

表面描寫

接下來處理表面的描寫。如同萊爾所指出，表面描寫只單純報導發生的事件。此外，表面描寫還有其他的特色。

表面描寫的特色

我曾討論過社會科學的表面描寫和解釋（Denzin, 1982, p.21），包括相關係數、路徑分析圖、F 值、虛擬變項、結構方程式、統計顯著度的檢驗，以及社會指標等量化概念的運作。除此之外，一些質化研究也往往為求快速的解釋，而只做表面的描寫。事實上，社會科學的許多解釋理論都建立在表面的描寫上，而缺少豐富的素材。結果，學界充斥了一堆理論，而缺乏描寫。

大衛・桑德淖（Sudnow, 1979）研究了自己學鋼琴的經驗，包括如何靈活使用鍵盤；他的研究巧妙結合了深度描寫與深度解釋，這正是我所提倡的。

描寫和字的類型

　　表面的描寫只是泛泛而談，只談事件的表面或部分，而不提供說明。表面描寫試圖用草草地幾句話來描述複雜的有意義事件。換言之，表面描寫捨棄了細緻的「小字」，而使用概括的「大字」，而這些「大字」往往是社會科學的詞藻或概念。表面描寫並不呈現實際的體驗。

　　在表面描寫中，研究者往往使用二手的資料，以及脫離實際經驗的社會科學概念，而不是第一手的資料，以及取自實際經驗的詞彙與概念（Schutz, 1964; Geertz, 1983, pp.57-58）。所謂取自實際經驗的概念（an experience-near concept），乃是「個人——病人或被研究者——或受訪者……自然而然……用來定義他或別人所見所聞所思所想的詞彙」（Geertz, 1983, p.57）。反之，脫離實際經驗的概念（an experience-distant concept），乃是「專家……一個實驗者或民俗學家……用來推展他們科學的……目標……比如，愛是一個取自經驗的概念」而「『客體驅力』（object cathexis）乃是一個脫離經驗的概念」（Geertz, 1983, p.57）。取自經驗的概念，來自於日常生活的語言。脫離經驗的概念，則是來自社會科學的理論。表面描寫使用脫離經驗的概念，深度描寫則使用取自經驗的概念。

- **表面描寫的類型**

表面描寫有四種類型。以下先處理非社會科學家人士所做的表面描寫。

日常的泛論

日常的互動者經常會對自己的行動或經驗輕描淡寫，或僅提供片面的說明（Garfinkel, 1967, pp.4-5, 20-21）。透過這些泛泛而論的描寫，個人方能「不受干擾地進行他們的對話」（Garfinkel, 1967, p.42）。

葛芬科（Garfinkel, 1967, p.44）提供了一個例子：

> 我朋友和我在談另外一個人，我們都很討厭那個人自大的態度。我的朋友表達了他的感覺。
>
> （受試者，朋友）：我看到他就想吐。
>
> （實驗者）：你可不可以解釋你為什麼會想吐？
>
> （受試者）：別鬧了，你知道我的意思。
>
> （實驗者）：請跟我解釋你的病症。
>
> （受試者）：（他滿臉疑惑地看著我）你怎麼回事啊？我們之間講話應該不是這樣的吧！？

一個人隨口說出一句話（「我看到他就想吐」），如果遭受質疑時，很自然會想防衛自己，因為日常的假定是別人應該知道他們的意思。

解釋研究確實應該蒐集這種日常的泛論，便可指出一般人如何描述自己的經驗。然而，解釋者應該更深入探討，要求當事人做進一步的描述，提出對相關經驗與意義的說明，豐富原先單薄的泛論。解釋者應該仔細探究，引導個人去鋪陳原先泛泛而談的描述，將其中的意義表達出來。如果不去豐富原先的泛論，研究者將只得到一些表面的呈現，而失卻了經驗的意義。

社會科學的泛論

以下三則表面描寫乃是來自社會科學的作品。當研究者想減少對事件或過程的描述，而把重心擺在深度的複雜理論說明，就會發生下列第一種情況。第二種情況則是，研究者雖然蒐集了深度的描寫，卻使用社會理論的字眼將之濃縮成簡短的摘要。這兩種情況都使用了第二手的、脫離經驗的詞彙。第三種情況則是，作者提供了一個典型化的深度描寫，亦即描述了理想的個案，卻沒有觸及實際的經驗。結果只是對相關經驗做了表面的描述。以下兩個例子屬於第一種表面的描寫。

事例：求愛的暴力——深度理論、表面描寫

倫拓・考林思（Randall Collins, 1975, p.251）描寫（和解釋）了美國青年文化的約會模式。強迫與暴力（強暴）是這種模式的基本特色。

在約會的模式中，人們容許少許的強迫性質。一般來說，女人在過了一段討價還價的試探期之後，才會讓自己變成被強迫的對象⋯⋯這種約會模式⋯⋯在第一次大戰之前形成⋯⋯威勒·瓦爾在 1937 年便研究了這個模式，他分析了「這個模式包括了評分和約會的情結，適婚年齡的年輕男女在此做情慾的征服戰，同時讓自己變成異性渴望的對象⋯⋯以便爬升到婚姻的境界」。

這一段說明雖然不算短，卻使用「評分與約會的情結」的大字眼，而沒有深入描述有意義的社會經驗，只是泛泛而論。這些重要的經驗包括約會強暴或其他暴力行為，以及這種現象與婚姻之間的關聯。在上述對美國約會模式的描述中，卻看不到任何實際的體驗事例。

小團體中的互動

考區（Couch，尚未出版，pp.22-23）研究實驗室中的小團體社會結構，並提出了細密的理論說明。他做了以下的表面描寫：

在所有的團體中，當成員無法針對評估的任務達成共識，團體代表所提出的評估通常比其他成員吃香⋯⋯在一些例子中，衝突的意見並沒有達到協調⋯⋯在某些例子，團體代表和其他成員

之間會產生疏離的現象……在有些團體中……持
不同意見的成員之間會有產生敵意。

　　考區所描述的是團體協商和互動的複雜網絡。衝
突、疏離與敵意無所不在。可是，他並未描述這些衝突、
疏離與敵意。他只是說出這些名詞。然而，社會科學的
字眼並無助於描述事件。換言之，考區對於團體中所發
生的事只是泛泛而論

醫療工作：泛泛而論的深度描寫

　　在下列例子中，研究者雖然提出了深度描寫，卻脫
不了泛泛而論的陷阱。史特勞茲（Strauss, 1987, pp.51-
52）在以下提供了一段訪談。受訪的是一個先天性心臟
病童的父母。他們在嬰兒房安裝了超感度的高頻對講
機。醫生告訴他們，嬰兒需要二十四小時的照看。

　　　　我們已經盡力了……沒有其他選擇……醫生
　　說我們要看著她，不能讓她太興奮……醫生說我
　　們要隨時看她的反應，所以我們必須二十四小時
　　在她身邊……我們隨時都在擔心她會死，怕我們
　　一不小心睡著。我們只好兩個人輪流睡覺，輪班
　　照看她。就這樣過了兩個月。（Strauss, 1987,
　　p.52）

史特勞茲接著對上述嬰兒母親所說的話做了評論。他應用了一些對立的概念，來說明這對父母的行為。下列引文解釋了這對父母的經驗：

> 第一手的評估。這對父母做出了他們的評估，基於他們對嬰兒情況的了解，來評估當時的情境。部分、有時、半天、全天——什麼時候需要監控？他們怎麼知道要監控什麼？

在此，分析者解釋了上述的深度描寫，並提出一組理論的問題作為前題，來涵括描述的內容。於是，實際的經驗被矮化為表面事件。這是一則泛論的深度描寫。

典型化的深度描寫：反射的叫聲

在下列的例子，研究者自以為做了深度描寫，其實不然。高夫曼（Goffman, 1981, pp.88-89）這樣描寫了一個路人：

> 他正常的衣著與態度讓每個看到他的人都相信他的清醒、他的無辜以及他恰如其分的活動力⋯⋯直到他踢到了人行道上的突起，差點絆倒。但他很快穩住，把身體扶正，繼續往前走。
>
> 迄今為止，他的行走能力還沒有受到懷疑⋯⋯他絆倒的事卻讓人開始⋯⋯懷疑這點。因

此，在他繼續向前走之前，他很可能會先做一些
其他的動作，一些和將身體扶正的機械原理無關
的動作。

高夫曼把這些動作稱爲「反射的叫聲」（response cries），
比如「搞什麼！」（Goffman, 1981, p.90）、「見鬼或狗
屎」（Goffman, 1981, p.97）。但引文中的路人並不是真
實的。他只是高夫曼爲了鋪陳理論而杜撰出來的理念型
人物。高夫曼並沒有去描寫實際的經驗，儘管很多讀者
可以從他的闡述聯想到自己的經驗。然而，他所提供的
仍然只是一則典型化的表面描寫，而不是深度描寫。接
著，我將討論真正的深度描寫。

深度描寫的類型

　　社會科學家提供了許多不同類型的深度描寫。有些
人描寫細微動作，比如桑德淖描寫了學鋼琴時的手指動
作。有些人描寫互動的情境，比如吉爾茲描寫了他逃離
鬥雞場的過程。有些人採取歷史的觀點，而挖掘早期的
生活。也有人描寫個體，或情境中的個人，或是社會關
係。他們所提供的描寫可能是不完整的（以下討論）、
完整，或泛論的（見以上關於表面描寫的討論），或闖
入的，當研究者在描述當中插入了自己的解釋。最後，

有些的描寫同時也是一種解釋（比如桑德淖描寫他和朋友一起彈奏鋼琴的情形）。我們必須討論以上的各種描寫。然而，真正的深度解釋往往不在此列。

類型的分類

一個豐富而完整的深度描寫必須兼具傳記的、歷史的、情境的、關係的與互動的性質。但是，並非所有的深度描寫都是完整的。有些著重於關係，有些著重於個人，有些著重於情境等等。因此，我們可以根據上述向度，對深度描寫加以分類。我將討論以下類型：（1）微觀的；（2）鉅觀歷史的；（3）傳記的；（4）情境的；（5）關係的；（6）互動的；（7）闖入的；（8）不完整的；（9）泛論的；（10）純粹描寫的，以及（11）兼具描寫與解釋的。以下依序討論。

微觀的描寫

微觀的描寫只關注一小則互動、經驗或行動片段，鉅細靡遺地記錄其中所發生的事情。微觀描寫往往缺乏解釋，而只是單純的描述。以下是桑德淖（Sudnow, 1979, p.31）的另一則微觀描寫：

> 為了進入下一段，我會早一點完成手邊的段落，給我自己多一點緩衝的時間，去感覺那隨之

> 即來的和弦，宛如一個正在遭受侵蝕的當下，唯
> 有靠著緊緊依附我們「共同演出」的樂章，才能
> 再度證明這個當下的必要性。

桑德淖把自己放進了他所描寫的行動當中。這就是進行
微觀描寫的方式。

鉅觀歷史的描寫

　　鉅觀歷史的描寫試圖栩栩如生地重現一個早先的歷
史時刻。傅科細緻呈現了謀刺法國國王路易十五未遂的
刺客達米安如何被凌遲示眾，這就是一個鉅觀歷史的描
寫。從傅科的說明，我們看到了微觀的動作如何建構了
鉅觀的歷史事件，比如，當刑吏用鐵鉗把刺客身上的肉
撕下來。

傳記的描寫

　　傳記的深度描寫著重於個人或關係，尤其是情境中
的個人與關係。在下列引文中，福克納（William Faulkner,
1957, p.5）描述了史納普思家族（Snopes Family）三部
曲中的主要角色威爾·瓦納（Will Varnar）：

> 　　「老法國人」地方的主人威爾·瓦納，同時
> 也是郡上的大人物。他在某一個郡上是最大的地

主和最高指導，在另外一個郡上則是出了名的公
正人士。他在這兩個郡上都是選舉委員。所以，
就算他不是法律的創制人，至少也是地方上德高
望重的意見人士……他是一個農夫，一個債權
人，一個獸醫……他的身材像竹竿一樣又瘦又
高，火紅的頭髮和鬍鬚，湛藍而純真的眼睛……
他其實很狡猾，總是快快樂樂地，滿腦子都是粗
俗的黃色笑話，搞不好性慾也很強（他老婆生了
十六個小孩……）。

在以上描寫中，福克納把威爾·瓦納這個人放入一個社
會結構中（郡），描寫他的作為，描繪他的外形，並簡
短介紹了他的家族歷史。深度的傳記描寫往往要將個人
連結到情境上，比如下列例子。

傳記的情境

當圭格爾·桑沙從惡夢中醒來，他發現自己
已經在床上變成了一隻巨大的昆蟲。他躺在他堅
硬如盔甲般的背上，當他稍微轉動頭部，便看到
了自己胖嘟嘟的腹部分成為好幾個拱形的小節。
在他軀體的尾端，床單都快被完全擠到床底下
了。比起他巨大的身軀，他的腳現在雖然有很多
隻，卻細得不成比例，在他眼前無可奈何地揮動
著。（Kafka, 1952, p.19）

上述的引文生動描寫了一個人變成昆蟲的恐怖景像，把主人翁圭格爾・桑沙（Gregor Samas）的悲劇呈現在讀者眼前。依我之見，卡夫卡（Kafka）成功描寫了如果一個人醒來變成昆蟲的感受。

　　傳記式的情境化深度描寫重建了個人與地點中的場景、聲音與感覺。透過這樣的描寫，讀者才可以進入經驗的情境；並藉著當事人的觀點，呈現出他（她）們的情境與傳記。

情境的描寫

　　以下是一則情境化的深度描寫。朱爾思・亨利（Jules Henry, 1965）記錄了他對養老院生活的印象。

　　　她的房間很潔淨，牆壁漆成明亮的黃色。其中的一個牆邊有一個化妝台，應該是病人自己的。上面放了一些照片、化妝用品，以及一個心型的糖果盒。病人的頭髮是捲的，梳得很整齊，還綁了絲帶。她有抹粉，也擦了口紅。(Henry, 1965, p.444)

上段引文描寫了一個人所身處的情境；指出了屋子裡的擺設，各個物品之間的關係，牆壁的顏色，以及房間的整體模樣。下一段描述則完全是關於情境。

主要的大廳比兩個旁廳大多了，也漂亮多了。牆壁都漆成怡人的黃色，天花板是白色的……地板鋪了灰白花紋鑲黑邊的瓷磚……廳上有兩排椅子，東西兩邊則有會議室……最舒適的椅子圍著小桌子……其中一邊牆上展示了一支古董傘……牆上凹進去的一個小閣上……有一個宗教雕像放在大理石的座台上。雕像的姆指顯然被摔斷又黏上去。牆上還掛了一些竹子鑲框的日本絲綢花鳥緞畫。（Henry, 1965, p.445）

上段引文細緻刻劃了養老院的大廳。亨利以文字重現了大廳給他的視覺感受。

關係的描寫

深度的關係描寫重現了個人之間的關係。考區（Clouch）的研究，如上所述，探討了實驗室中的三人關係。在下列引文中，翁恩（Vaughan, 1986, p.94）描寫了親密愛人或夫妻在對方提出分手或離婚時的反應。

她開始把我的書往窗外扔。顯然她真的想扔的並不是那些書（學生，22 歲，同居兩年後分手）。

他和他的朋友在半夜闖了進來，把我們在一起時所買的全部家具和東西都毀了（花藝設計

家，28 歲，同居四年後分手）。

　　她把我車子的輪胎刺破。她知道這招會讓我抓狂，她甚至事先就告訴我她會這麼做（售貨員，30 歲，結婚三年後離婚）。

　　他用刀子劃花了結婚照上的我的臉（臨床心理學家，36 歲，八年後離婚）。

這些說明生動呈現了這些象徵關係終結的動作。以下的陳述則將關係的終結放入特定的情境中（Vaughan, 1986, p.157）。

　　大家都離家在外地求學了……門鈴響了，孩子們去開門，我正在廚房煎牛肉。他們說「媽，過來啊！有人要找你。」我說：「我在忙呢！叫他們等一下。」然後他們說：「不行啊！他們一定要見你。」我跑到門口，警官遞給我一張訴請離婚的傳票。孩子們問我：「媽，那是什麼啊！」他們全都圍著我。我就在孩子的包圍之下。「爸爸想要離婚？」然後我就哭了。就這樣讓牛肉燒焦了，我們只是坐在那裡。

上述的描寫重建了一段互動經驗的片段，包括了動作與互動。讀者被引領到當時的情境，看到這個女人在收到丈夫訴請離婚的法院傳票時的情景。這段描寫把當事人生命中的一個轉捩點經驗扣連到這個特殊的時刻。

互動的描寫

就像上一個例子，深度的互動描寫也著重於兩個或更多人之間的互動。以下是一個男人描述他打太太的經過。

> 我回家已經累得半死。屋子裡面亂七八糟，狗也沒有栓緊，她在床上睡覺。沒有煮晚餐。我倒了一杯酒，打開電視看新聞。她出來，罵我為什麼要喝酒。那些話已經聽了幾百遍了，我再也受不了了。我把酒杯往她身上砸，抓住她的手臂，對她大吼「我的晚餐在哪裡？你是廢物啊！」她反身打我，罵我沒用。她跑掉，拿起我做的木雕，那是我送她的耶誕禮物。她取笑它，說它又蠢又醜。然後往牆上一丟。於是我就爆發了。我追著她打。她報了警。（Denzin, 1984b, p.501）

上述的陳述結合了深度描寫的三個特色，亦即互動、情境和關係的。其中包括一些泛論（「那些話已經聽了幾百遍了」、「於是我就爆發了」等），可是主要仍是描寫。以這個男人本身的話，重現了他和妻子之間的爭吵。

闖入的描寫

當研究者把自己的解釋插入事件的描寫當中，這就

是一種闖入的描寫。這種描寫很難捕捉「當事人的觀點」
（native's point of view）（Geertz, 1983, pp.55-69）。讀
者只有透過研究者的眼光去看當事人的觀點。

以下是一則闖入的描寫。吉爾茲（Geertz, 1973,
p.420-421）討論了巴里島鬥雞習慣所涉及的道德與象徵
意涵。

在鬥雞的場合中，人與獸、善與惡、自我與
本我，創造力以及被喚起的陽剛味血腥劇碼。具
有毀滅力的獸性，混雜著恨意、殘酷、暴力與死
亡。

在下一段引文中，吉爾茲（Geertz, 1973, p.422）描寫了
鬥雞的場面。

在大部分的情況當中，場上的雞會馬上飛向
對方，翅膀互相拍打，鳥嘴互相戳刺，用腳互相
踢，一場動物仇恨的爆發。如此絕對，同時也如
此美麗，幾乎是抽象的，如同柏拉圖式的仇恨概
念。

在上述文字中，吉爾茲脫離了純粹的描寫，也脫離了當
地人本身的解釋（參見本書第6章，以及 Crapanzano, 1986,
pp.68-76）。

在第一段引文中，吉爾茲把所有的經驗和動機都歸

結給巴里島人，把鬥雞的活動比擬成佛洛伊德所謂自我與本我的鬥爭，以及被喚起的毀滅力獸性（Crapanzano, 1986, p.72）。第二段引文討論鬥雞的場面，而以柏拉圖的仇恨概念來描寫雞隻之間的打鬥，將之形容為美麗的動物憤怒——純粹而絕對。這些都是吉爾茲的解釋，不是巴里島鬥雞人說的話。這些解釋闖入了他對現場的描寫。於是，讀者無從得知巴里島鬥雞人的感覺。我們看不到土著的觀點。吉爾茲要求讀者以他的觀點去看鬥雞的場面。由於缺乏對鬥雞場面的精細描寫，讀者也只能接受吉爾茲的一面之詞。

不完整的描寫

不完整的深度描寫雖然豐富呈現了相關的事件或經驗，卻在重要關頭打斷了描寫，而做出摘要，或把重要資訊一筆帶過。在下列引文中，艾莎貝爾・柏沓克思-偉恩（Isabelle Bertaux-Wiame, 1981, p.261）記錄了一個年輕法國女人 20 歲時離開小鎮，到巴黎發展的心境。

> 我以前在一家麵包店工作，雇主對我很好，可是我一個人要負責開馬車送麵包到附近的農場。真的很累。有一天，很晚了，天幾乎全黑，路上有一塊突起，馬嚇到了，開始亂跑。我嚇得第二天馬上就辭職。我決定到巴黎找一個小時候的朋友，她爸媽開了一家旅館。我寫了一封信給

她，可是沒等她回信我就出發到巴黎了。

在以上陳述中，這個年輕女孩解釋了她到巴黎的原因——那次馬車送貨的驚悚經驗。這是一段涉及傳記、歷史與互動的深度描寫，舉例說明了這個女人生命中的轉捩點。

下段引文也是出自柏沓克思-偉恩（Bertaux-Wiame, 1981, p.261）。

事後她〔上述女孩〕才很小聲地說到她有一個未婚夫，可是後來取消婚約了：我必須離開，因為我已經和男人交往過了。

所以，真正促使她搬到巴黎的並非那次的馬車意外，而是她和未婚夫之間的性關係。柏沓克思-偉恩（Bertaux-Wiame, 1981, p.262）對法國小鎮的「婚姻市場」做了縝密的理論解釋，並指出，在當地，年輕女孩和未婚夫發生性關係之後就一定要嫁給他。一旦婚約取消，她在鎮上就不太可能再有結婚對象了。因為她已經不是處女。繼續留在鎮上，只能做一個嫁不出去的老小姐，讓自己「一失足成千古恨」（Bertaux-Wiame, 1981, p.262）。

這就是不完整的深度描寫，把相關的實際經驗一筆帶過，泛泛而論。柏沓克思-偉恩沒有告訴讀者，這個女孩對這件事的看法與說明。她讓自己的解釋替代了實際的描寫。就這方面來說，不完整的描寫跟上述闖入的描

寫乃是一丘之貉。

泛泛而論的描寫

　　以上討論了泛泛而論的深度描寫。亦即，以表面描寫來混充深度描寫。吉爾茲對巴里島鬥雞的描寫即是如此。

純粹的描寫

　　嚴格說起來，純粹的描寫乃是不可能的。我們用以描寫現象或經驗的文字本身，同時也創造了被描寫的現象。在此所謂的「純粹」只是指盡量減少闖入的解釋。以下是一個例子。

　　　　1933 年 1 月的一個早上，街上空無一人……他叫做撒姆爾・別尼特。他戴著那頂一直放在床邊的呢帽……穿著條狀花紋的睡衣褲，墊著腳尖走下樓，打開了餐廳的房門，這裡是他父母擁有六間房間的大屋子（Thomas, 1964, p.3）。

撒姆爾・別尼特（Samuel Bennet）如此開始了他的一天。幾分鐘後，他將摧毀屋子裡所有的相片和瓷器，永遠離開，展開他進入外在世界的成人生涯。在這樣的描寫中，沒有任何闖入的解釋。就像桑德淖對自己早年學琴經驗

的描寫一樣。

兼具描述與解釋的描寫

兼具描述與解釋的深度描寫記錄了實際體驗中所形成的解釋。桑德淖描寫他在朋友面前演奏鋼琴的說明，就是兼具了描寫與解釋。這種陳述很難取得或製造。描述者必須有能力設身處地反省當時所發生的事。而這樣的陳述也是無價的，因為，透過這樣的陳述，讀者得以知道，解釋如何塑造了互動與經驗。以下是桑德淖的另一個例子（Sudnow, 1978, p.152）。

維持筆直的坐姿，我往下看鋼琴鍵盤上的手指，幾乎看不到什麼。但稍微往後傾斜，我發現自己的手指在鍵盤上遊走，就好像在用我的手指唱歌，每敲一下，就唱出一個聲音，並不斷喚起下一個樂音……我就像是在用我的手指唱歌。

摘要

表 5.1 總結了本章所討論的深度描寫類型或形式。表中列出了每一種形式的深度描寫，並指出處理的向度，包括傳記、歷史、情境、關係或互動等向度。

此表可分成了三部分[2]。第一條到第六條是根據描寫

的焦點來區分：微觀的、鉅觀的、傳記的、情境的、關係的或互動的。第七條到第九條是關於解釋的部分，包括了闖入的、不完整的，或泛論的。第十和十一條則區分了單純的描寫，或兼具描寫與解釋。第七到第九條都是不好的，亦即應該避免的錯誤示範。

表 5.1 深度描寫的類型

形式	傳記	歷史	情境	關係	互動
1. 微觀的	很少	可能	有	有	有
2. 鉅觀的	可能	有	可能	可能	有
3. 傳記的	必有	有	有	可能	有
4. 情境的	可能	有	必有	可能	可能
5. 關係的	可能	有	可能	必有	有
6. 互動的	很少	可能	有	有	必有
7. 闖入的	有	有	有	有	有
8. 不完整的	有	有	有	有	有
9. 泛論的	有	有	有	有	有
10. 純粹的	有	有	有	有	有
11. 兼具描寫與解釋的	有	有	有	有	有

註：「有」意指包括了這向度的內容或焦點（對於第七到第十一個形式來說，所觸及的焦點可能是正面或負面的）；「沒有」表示不包括這樣的內容或焦點；「可能」表示可能包括了這方面的內容或焦點。

　　仔細檢視此表，可以發現有些類型特別容易有所偏重，比如偏重傳記或歷史向度。一個完整的三邊型研究（亦即觀照人、物以及人對物的關係），應該設法涵括各種形式與內容，並觸及每一個向度的描寫。

好和壞的深度描寫

　　一個好的深度描寫不應該是泛論的、闖入的或不完整的。一個壞的描寫往往會對細節泛泛而論，並在描寫的經驗流之中隨意插入觀察者的解釋，或是漏掉重要的細節，或只是稍微提到。在上述的討論中，我提供了許多好的深度描寫。

學習傾聽和書寫壞的深度描寫

　　以下是從我研究 A.A.的田野記錄。我將在第 6 章對此提出解釋，此處只是舉例說明何謂一個壞的深度解釋。

　　在上一章，我提到了 A.A.的新進會員必須學會聽懂別人說的話。他（她）必須學習很多新字的意義。新的會員要學習傾聽。解釋的研究者也必須如此。要如何學習？以下是我參加五次 A.A.會議所寫的田野日誌。由這些記錄，可以看出我當時並沒有學會 A.A.語言。這部分日誌的標題是「一個 A.A.會議的結構」。這部分完全是寫給自己看的。

* 　「一個 A.A.會議的結構」
1. 開始，歡迎詞。
2. 沉著的祈禱——片刻的沉默。

3. 「如何進行」（一位成員朗讀，其他人默聽）。

4. 十二個傳統（一位成員朗讀，其他人默聽）。

5. 有新的成員嗎？——介紹名字（或新人）。

6. 宣告——任何成員都可以，通常是新的會議，比如社交宣告等等。

7. 如果是新成員，則討論第一步驟（傳統上都是由新成員討論第一步驟）。

8. 每個人依序談論第一步驟，確保每一個新人都有機會發言，只要他（她）願意開口。

9. 如果沒有新的成員，則選定一個主題讓大家討論，通常是《大道理》當中的主題，所謂每日一思，任何和計畫有關的主題——時間、過去、責任、成長、罪惡感，以及對他人的容忍等。

10. 捐贈（通常是在閱讀中進行，但也可以在會議的任何時間，視會議情形與在場人數而定）。

11. 散會——「還有人想要補充的嗎？如果沒有就像往常一樣散會了」（向主祈禱，大家手牽手，一起講祈禱詞，最後說「下次一定要再來喔！」）。

12. 會員們站起來，離開桌子，自發地分成小組閒聊，把煙灰缸裡的煙蒂倒掉，將桌上的咖啡杯收起來，把椅子排好。

上述的深度描寫有許多缺點，既是闖入的、泛論的，也是不完整的。整個描寫充滿了我的話，完全沒有 A.A. 成員的聲音。我寫得「好像」我真的了解會議的運作。

我沒有提到任何傳記、歷史、關係或互動。我所提供的只是一個會議的結構外貌。重新檢視這些描寫,我發現很多點需要補強,而需要補強的正是我所列出的點。研究者可以善加利用壞的深度描寫,但必須在田野中停留夠久,以便學習很多原先不知道的事。下一節將處理描寫與解釋之間的關係。

描寫和解釋

在深度描寫中,研究者必須努力保留互動經驗中的意義、行動與感覺(Geertz, 1973, p.20)。描寫必然是解釋的,就如上述討論所指出。一段描寫必須去捕捉個人帶入事件中的解釋,記錄互動者在行動過程中所做出的解釋。研究者(和讀者)對事件與意義的解釋,必須以當事人本身的解釋為基礎。研究者用以記錄事件的語言也是解釋性的。

要進行深度的描寫,研究者必須設法捕捉特定行動或行動序列對當事人的意義。要捕捉有意義的事件,必須同時觀照人、物以及人對物的關係,並應用本書前三章所提出的各種捕捉生命經驗的方法(包括個人經驗故事、自我故事、蒐集互動的片段、訪談)。深度描寫乃是傳記與互動的,結合了特定互動經驗中的自我故事與個人歷史。

深度描寫創造了深度解釋的基本條件。深度解釋乃是下一章的主題，其目的在於檢視事件的描寫與解釋，並賦予意義。好的解釋「把我們帶領到被解釋事物的核心」（Geertz, 1973, p.18）。深度解釋意在揭示「被研究者行動所依據的概念結構」（Geertz, 1973, p.27）。

意義的層次

深度解釋建構了一個包括了分析與理解的系統，而此一系統在實際體驗的世界中必須是有意義的。研究者必須假定，任何有意義的經驗都包括了兩個層次：表面的（或有意的），以及深層的（或無意的）（Freud, 1900〔1965〕）。意義乃是象徵性的，唯有透過解釋，才能捕捉到意義。意義可以同時在表面與深層之間遊走。深度解釋的目的在於，闡明和記錄互動經驗中所釋放的多重意義結構。研究者必須假定，任何情境中都有多重的意義。同一個經驗，對不同的人必然產生不同的意義。因為，意義乃是情緒的與傳記的。

綜合上述討論，深度的描寫具有以下特色：

1. 必須基於多重的、三角的與傳記的方法。
2. 扣連傳記與實際的體驗。
3. 必須是脈絡性、歷史與互動的。
4. 必須捕捉社會情境中個人或集體的實際經驗流。
5. 必須捕捉經驗序列中所呈現的意義。

6. 透過深度的描寫與解釋，必須讓讀者能夠身歷其境地感受到經驗的本質特色。
7. 切勿泛泛而論被描寫的事件。

　　深度的解釋則具有以下特色（下一章將深入討論）：

1. 必須基於深度的描寫，並加以解釋。
2. 必須認知到意義乃是象徵性的，並同時在表面與深層之間出現與遊走。
3. 必須嘗試揭開任何互動經驗中的多重意義。
4. 其目的在於建構出對於當事人有意義的解釋。

　　深度的解釋必須遵從第 2、3 章所討論的解釋判準。

結論

　　本章大量討論了深度與表面的描寫，並提出各類描寫的分類表。我舉的例子取材自社會學或人類學家的實際描寫，以及一些小說作品（福克納和卡夫卡）。透過這些研究，我們發現，很多所謂的描寫根本不是描寫，而是解釋。本書已提出了評估描寫的判準。對描寫加以解釋乃是很複雜的問題，這也是下一章的主題。

註釋

---

[1] 【譯註】在作者的原文中，此處被處刑的刺客達米安被誤以為是法國的國王。他在原書第 84-85 頁三次指涉達米安是國王。並在第 92 頁再犯同樣的錯誤。然而，當時的法國國王其實是路易十五，他從 1715 年即位，一直到 1774 年過世都是法國的國王。「1757 年，達米安企圖刺殺國王路易十五；未遂被處決」（The Timetables of History, The New Third Revised Edition, Simon & Schuster: 1975; p.348）。本書的作者卻在原書第 85 頁寫著:「……on the second of March 1757 Damiens, the King of France was executed.」很顯然，這是作者的誤解。因此，譯者根據史實，加以更正。

[2] David R. Maines 及 Debra J. Rog 幫我澄清了這些區分。

6

進行解釋

本章處理解釋的類型。解釋的目的在於解釋詞彙的意義。解釋者的工作在於把不熟悉的字眼翻譯成熟悉的語言。解釋的動作賦予了經驗的意義。意義指的是一個人心中的所思所想。因此，意義所指的無非就是一組經驗對特定個人所具有的意涵、目的與結果。意義就孕藏在個人講述自己經驗的故事當中。經驗一旦被加以解釋，其意義就可以得到理解。在理解當中，我們必須去領會或捕捉經驗的意義。理解可以是情緒或認知的。我將提供表面解釋與深度解釋的事例，並討論描寫、解釋與理解之間的關係。

根據上述詞彙的意義，解釋互動論者的工作在於，闡釋與說明一般個人的生命、轉捩點經驗或主顯節時

刻。為了做出切實的解釋，解釋互動論者必須對這些經驗時刻進行深度的描寫。透過解釋，才可能有理解。泛泛的描寫是不夠的。研究者必須致力於解釋與理解，並將之傳達給讀者。我在上一章處理了許多不同的深度描寫。

我將在本章討論解釋的過程。我將處理以下幾個議題：（1）解釋的事例；（2）對於各種不同解釋的解釋；（3）解釋的目標，以及解釋的內容；（4）解釋的類型；（5）描寫與解釋的關係（繼續處）以及理解。

本章將應用上一章分析各種深度描寫的架構。我將處理微觀的、鉅觀的、傳記的、情境的、關係的、互動的、闖入的、不完整的，以及泛泛的解釋。我也將區分當事人和觀察者的解釋，上一章已約略討論過此一區分。最後，我將討論當事人和社會科學的不同經驗理論。

解釋與理解的重要性

我在第 1 章指出，解釋研究需要一個焦點。我所提出的方案著重於存在性的問題情緒經驗。這些經驗改變了當事人的生命。在這些經驗中，個人的苦惱和公共的議題合而為一，並扣連到有關當局用以處理這類問題的應用方案。比如，為受虐婦女所設的電話專線，以及為酗酒者所設的戒酒中心。透過研究與解釋這些經驗，研究者可望理解或領會個人在後現代時期中的苦惱。有了具體的理解之後，才可能設法有效地幫助這些個人。我

們可以應用這些知識來評估當局爲紓解這些問題而設的
方案。我們必須捕捉、解釋和理解當事人本身的觀點與
經驗，才可能設計出確實有效的應用方案。這就是本章
的主旨。

解釋的事例

或許我們應該從一個壞的解釋事例開始。上一章曾
舉例指出，我的田野記錄「一個 A.A.會議的結構」乃是
一個壞的深度描寫。我描寫了 A.A.會議的主要過程。以
下是我的解釋。

A.A. 的會議

* **討論**
1. 反省性。每一個參加討論的人都會提到別人之前講
   的話，這就是一種反省。個人很少直接稱讚別人話
   中所透露的個人事實，雖然他們會贊許或進一步發
   展別人的觀點。
2. 名字——只叫名不叫姓。倘若團體已經很久，則有
   時會叫小名，比如怎樣怎樣的比爾，怎樣怎樣的巴
   伯等。因爲很多人同名，外表的特徵會被加到名字
   裡，比如，金髮的堤德。

3. 成語——「你只是凡人嘛」、「你來對地方了」、「有一天」、「照順序來」、「沒有那麼難」、「我知道我會再喝酒」、「我不再有想喝的壓力」、「我祈禱它放過我」、「我仍是個酒鬼」、「我還是會想喝一杯，想狂歡的慾望」、「已經走到這裡了」、「開會動物」、「會議桌」、「計畫」、「自從我來治療」、「俱樂部」、「我知道我說太多了」、「這樣有道理嗎？」、「我曾經是一個間歇性的酗酒者」。

4. 解釋——每一個會員／說話者都會解釋當晚或當天的主題，有時引用自己具體的生命經驗——「我的女婿昨天工作的時候摔斷了脖子，幸好我已經不再喝酒了，否則鐵定完蛋」——有時則是抽象說法，比如「我戒酒以後真的好太多了⋯⋯」。

5. 從這些個人的解釋當中，意義與解釋的線索也開始成型：「這是一個很好的會議」、「我很高興我來了」、「這對我很有幫助」、「謝謝大家」。

6. 從這些個別的解釋中，個人也開始理解自己在當天會議所扮演的角色。他們會綜合種種解釋的線索，釐清自己對計畫的了解，以及本身的個人計畫，並再度確認自己對會議與「計畫」的認同。透過再度確認，個人也會將會議中的理解推廣到日常的關係態度。他們帶著這些解釋與意義——來自他們被建構與再建構的經驗——進入飲酒的世界中，喝酒的誘惑與衝突在這個世界中無所不在。

7. 計畫有三個層次：（1）承認與接受自己酗酒的事實；（2）每天反省自己人格中導致飲酒的性格弱點；（3）每天提醒自己保持清醒的好處——事情變得有多美好。正式會議與聚會的作用只是加強每一個層次，而每當有新的成員加入的時候，每一個會員在他（她）的身上都彷彿看到了過去沉醉酒鄉中的自己。

以上就是我當初的解釋。

解釋第一個解釋

從上述記錄中，可以發現解釋過程的幾個特色。首先，上述記錄是對經驗的泛泛註解或摘要，完全沒有指出 A.A.會議上講話的人是誰，也沒有告訴我們 A.A.語言的微妙性或 A.A.的歷史。從這樣的記錄中，完全看不到該 A.A.團體的歷史，也不知道 A.A.的成員如何運用這些儀式或步驟。其次，由於只是泛泛地記錄抽象的經驗，我們看不到實際的體驗。這裡沒有深度的描寫（參見第5章）。這只是表面描寫。第三，這些記錄暴露了我的自大。我自以為很了解 A.A.會議的進行，其實根本不懂其中的奧妙。第四，我太偏重會議一開始所發生的事，以為宣讀的內容最重要。我稍後發現，閱讀的內容確實很重要，但並非基於我原先所想的原因。第五，我並沒有傾聽 A.A.會員自己所講的話。我以為大家說的都差不多，因此不必傾聽個別的說法。第六，我誤以為每一個

A.A.成員都一樣。我稍後學習到事實不然。

　　我對記錄所提出的解釋也是表面的，充滿了臆測。我稍後知道，我在處理 A.A.談話中的反省性時，只觸及了表面。A.A.的談話乃是對話式的，其焦點在於團體以及講話者的個人經驗。當一個成員在講話時，都是針對整個團體發言，而不是對任何特定的個人。因此，沒有任何個人有必要回應：講話的人其實是在和團體進行一種自我對話。

　　同樣的，我稍後得知成員們確實知道彼此的全名，我所舉例的名牌「金髮的堤德」其實是新來者用的。在任何 A.A.會議中，至少會有一個成員知道某個名字（往往連名帶姓）背後的傳記生命。我所指出的成語（「有一天」等）乃是任何 A.A.會議中的談話內容。從這些成語當中，可以知道個人如何看待自己在 A.A.傳說中的定位，如何將這些傳說融入自己的生命故事中。稍後我知道，每一個成員都有他（她）經常引用的 A.A.傳說。當我寫這些記錄或解釋時，並不了解這一點。

　　我的解釋並沒有去捕捉個人如何把談話扣連到自我的個人生命中。我沒有認知到，A.A.談話的精髓在於，個人必須找出生命中造成酗酒的問題經驗，然後證明自己已經不再喝酒。我忽略了 A.A.成員的唯一目標就是保持清醒，不管付出什麼代價。上述解釋中的第七點隱約指出了這個目標，但忘了去捕捉此一目標對 A.A.成員的意義。這些田野記錄乃是一個不懂傾聽的研究者所做的記錄與解釋。

慢慢來

解釋是很花時間的過程。這包括以下幾個面向。首先，你必須花時間去學習被研究團體的語言。其次，如同第 4 章所指出，你必須了解使用這些語言的個人，了解他們的個人傳記。研究者必須深入團體的結構中，才能獲得關於個人生命史的知識。也就是說，個人說話、使用語言與說故事的方式同時也形塑了他（她）的個人生命經驗。第三，研究者必須了解團體中個人的人際關係。第四，解釋者必須充分領會團體成員常用的字詞與成語，掌握每一個常用語的意義範圍。換言之，研究者必須學會在語言與情緒的過程中採取他人的態度（Mead, 1934）。而研究者必須完全融入團體之中，才能懂得採取別人的立場。再重申一次，研究者必須把自己充分融入團體的生命經驗當中，否則，頂多只能寫出膚淺的表面解釋。

我花了三年的時間才真正掌握了 A.A.的語言，並了解其背後的意義結構。既然解釋是一個很花時間的過程，研究者最好選擇自己最熟悉的社會生活領域。如此一來，便可以應用自己先前生命經驗中所累積的知識庫存。這也是米爾斯的忠告：將個人的生命史與社會研究連結起來。

解釋的目的

　　就如先前所指出，解釋的基礎乃是描寫。所謂的解釋，就是闡釋描寫的經驗，並賦予意義。解釋的工作無非就是釐清經驗的表達。而這些經驗的表達乃是符號性的（以下將進一步說明）。這些符號性的表達經常採取個人經驗或自我故事的形式。很多時候，也可以採用戲劇手法來表現有意義的經驗，而呈現一個表演的文本或表演本身（Bruner, 1986, p.7; Turner, 1986）。解釋互動論者的工作，在於闡述這些有意義的轉捩點經驗的符號性或互動性表達。

解釋的類型

　　每一個解釋的背後都有一個解釋者。解釋者有兩種：一是親身經驗的當事人，一是淵博的專家——民俗學家、社會學家或人類學家。這兩種解釋者（地方人士與社會科學人士）經常會有不同的看法，即使是針對同一組經過深度描寫的經驗（稍後討論這兩類解釋的差異）。

　　解釋的作用在於，澄清與鋪陳一組經驗所衍生的意義。在進行解釋的時候，研究者所運用的解釋架構必須對當事人有意義；換言之，研究者必須應用貼近日常經驗的概念與解釋。正如吉爾茲（Geertz, 1973, p.27）所指

出，解釋必須要闡明當事人經驗背後的意義與概念結構。

解釋的理論

上節的最後一句話是什麼意思？這是說，個人對自己的行為與經驗會有一套操作的理論。這些理論來自他們的伙伴，而涵括在團體文化的口述或書面文本。這些理論的基礎在於「地方知識」（local knowledge）（Geertz, 1983），亦即個人和團體對於相關經驗所具備的知識。這些理論是實用性的，也就是說，是有用的（James, 1955; Peirce, 1934）。這些理論的有用性，來自於其對重大問題經驗所賦予的意義。個人必須透過這些意義去處理他（她）所遭遇的問題。這些理論可能是宿命的、唯心的、宗教的、心靈的、意識型態的、政治的或幻想的。這些理論可能是取材自社會科學的理論，也可能是代代相傳的口述傳統。

一個事例

以下是一個地方解釋理論的事例。講述的人是一個已經抱持十年清醒的 A.A.老會員。

> 我曾經天天買醉。一直到我來了 A.A.，才知道自己生病了——得了一種叫做酗酒的病。靠

著參加聚會、閱讀《大道理》、遵循步驟，以及
贊助者的敦促，我終於擺脫了酒精，獲得清醒。
我獲得了一個心靈的計畫，開始幫助新來的人。
自從我開始做這些之後，就再也沒有喝過一杯酒
（男性，45 歲，已離婚，油漆工）。

敘事、故事以及解釋的地方理論

上述引文包括了一套解釋他何以能保持清醒的理
論。這套理論涵括了 A.A.的理論：酗酒是一種疾病，要
設法痊癒（靠著參加聚會、閱讀《大道理》、幫助別人
等）。這套理論告訴你：「只要做了這些，就可以保持
清醒。」他照做了，並且保持了十年清醒。他把 A.A.的
理論實際應用到生活的問題上。他的理論就是 A.A.的理
論。在上述引文中，他對這套理論只是泛泛而論（稍後
我將仔細討論泛泛的解釋）。他的陳述採取了敘事的形
式，或者說是一個濃縮的故事——有開頭、中間和結尾。
他說自己曾經天天喝酒，然後到了 A.A.，知道了自己得
了一種叫做酗酒的病。在 A.A.（敘式的中段），他得到
了一個心靈計畫。故事的結尾則是，自從做了這些事情
之後，他就再也不喝酒了。

解釋的主要目標在於揭露這些經常隱藏在故事當中
的理論，當事人以這些故事來組織自己的經驗。解釋互
動論者假定，就如第 1 章所指出，研究者有時只需指出

這些地方性的解釋理論。一旦指出了地方理論，也就等於指出了當事人行動背後的概念架構。反之，如果不能指出這些，就等於忽略了當事人的觀點。少了當事人本身的觀點，研究者只好應用一些脫離實際經驗的理論來評估或解釋當事人的行動。如此一來，任何應用方案都只有失敗一途。因為，這些方案將無法滿足當事人的需要。然而，當事人本身的理論有時候也是不完整的，甚且充滿偏見或太過自我中心。這個時候，研究者就必須跳出當事人對經驗的主觀釋義，而尋找其他解釋（稍後進一步討論）。

解釋的種子永遠都是孕藏在深度描寫的經驗之中。不過，研究者必須在特定的團體及其文化意義中蒐集這些經驗。解釋者必須學習在傾聽與觀看中發現理論。此即解釋的功能。

解釋是符號性的

我在上一章指出，所有的經驗都至少有兩層意義：表面與深層的意義。一個行動的表面意義可能不能代表深層與符號的意義。由於我們只能透過語言來捕捉與經驗一個事件，任何事件都具有符號的性格。因此，解釋也必然是符號性的。首先，一個事件或經驗可以有許多不同的解釋。一句簡單的「哈囉」，如果是匆匆說出，或帶著憤怒的味道，當然不同於迎上前與人握手並帶著微笑所說出的「哈囉」。既然解釋是符號性的，我們必

須去捕捉和理解字詞、話語和姿勢所傳達的多重意義。換言之，解釋永遠是脈絡化的。在不同的脈絡中，「哈囉」這句話也有不同的意義。

解釋的符號性還有另一層意義。人們在表達一個經驗的意義時，必須採取具有符號意義的方式，這通常是故事或敘事的方式。這些符號性的表達也可能超越一般的說故事，而成為一種儀式或儀式演出，或一種社會戲劇，或團體的書面文化文本（Bruner, 1986, p.145; Turner, 1986, p.41）。我們必須蒐集與研究這些關於有意義經驗的符號性表達（Rosaldo, 1986）。唯有透過這些表達，才能了解當事人如何在危機時刻中定位自己，包括個體與集體性的定位。

解釋的類型與事例

觀察者可以書寫或取得許多不同類型的解釋。正如本章一開頭所指出，解釋和描寫一樣，也包括了微觀的、鉅觀的、傳記的、情境的、關係的、互動的、闖入的、不完整的、泛論的、深度的以及表面的解釋。在此我不重複討論這些類型（第 5 章），而只集中處理以下幾種解釋：（1）表面的；（2）深度的；（3）當事人的；（4）觀察者的；（5）分析的；（6）描寫與脈絡的；（7）關係與互動的。以下簡短依序討論。

表面解釋：反射的叫聲。表面的解釋只是泛泛而論，經常只提供一個行動序列的因果解釋，比如「因為公車來了，所以他跑著過馬路」。和表面的描寫一樣，表面的解釋不提供關於脈絡、傳記、互動、歷史或社會關係的細節。以下是一個例子。記得高夫曼筆下那個差點跌倒的路人嗎（第 5 章）。他差點跌倒的時候，會向那些見證他糗態的別人道歉或提出說明。高夫曼指出（Goffman, 1981, p.89），這個人會出現以下舉動：

> 我們的主體會把理應存在的內在狀態形諸於外，並透過他的行動，讓大家看出此一內在狀態的必要特殊條件。他述說了情境中的一個小故事。

依高夫曼之見，在這麼做的同時，這個人也打破了人際溝通的一個法則，亦即「不可在公共場合中自言自語」（Goffman, 1981, p.88）。這是一則泛泛而論的分析式解釋（以下說明）。這樣的解釋缺少了脈絡、傳記、歷史與互動，同時也缺乏深度描寫的基礎。

深度解釋：酗酒失足。深度解釋乃是建立在深度描寫的基礎之上，並對這些描寫加以闡述（參見第 5 章結尾的討論）。一則深度的解釋必須整合脈絡、互動與歷史。以下是一個例子，來自我的著作《痊癒中的酗酒者》（The Recovering Alcoholic）（Denzin, 1987b）。我所討論的是酗酒者在進入 A.A.一段時間之後如何又故態復

萌,或失足酗酒。

> 再度失足的酗酒者通常將自己定位為「情境
> 式的酗酒者」。這種人到 A.A.是為了解決生命
> 中的一個特殊問題。在這個問題解決之後,他們
> 就離開 A.A.了,回復到先前的自我概念(Denzin,
> 1987b, p.151)。

如果這個成員後來又遇到當初導致他(她)酗酒的問題,
失足就發生了。上述引文在解釋失足的現象時,同時考
慮了脈絡、歷史、傳記與互動。這個解釋乃是建立在對
酗酒者認同所做的大量描寫(Denzin, 1987b; chap. 5)。
　　當事人的解釋,脈絡化與關係的解釋:被毆打的妻
子。就如我所指出的,一則當事人的解釋在陳述一個經
驗的意義時,會採用親身經歷者的個人地方知識。一則
當事人的解釋可能是深度的或表面的。以下是一個例
子。詹森和弗瑞洛(Johnson & Ferrraro, 1984, p.121)記
錄了一個被酗酒丈夫毆打的婦女自白。她指出,她在丈
夫直接威脅到她的生命之後,終於決定離開他。她以故
事的方式道出了這段經歷。

> 他就像一個鐘擺,完全的兩極化。當他喝醉
> 酒,就會把我揍得半死。清醒的時候,又對我百
> 依百順。有一天他用槍指著我的頭,並且扣下了
> 板機。還好槍裡沒有子彈。就在那個時候,我覺

得受夠了。我和他打官司，要求分財產。

這段陳述解釋了這個女子的行動。當她丈夫拿槍指著她的頭，她終於決心離開。這段解釋考慮到了脈絡、關係、歷史以及互動。

觀察者的解釋。詹森和弗瑞洛（John & Ferraro, 1984, p.121）針對上述及其他的例子指出：

> 這些女性一旦了解到自己的生命已陷入險境，就會開始覺得自己是受害者……關係固然重要，但生命更加可貴。

這段解釋超出了當事人對自己經驗的解釋。但透過對照當事人的陳述，這段解釋也變得有意義。這不同於我早先對 A.A.會議的表面解釋，或吉爾茲對巴里島鬥雞的解讀（以下說明）。後兩個解釋都把觀察者的架構強加到當事人的經驗之上。

觀察者的解釋類型：聲音與對話

觀察者的解釋可以是深度或表面的；可以根據當事人的解釋，或把觀察者自己的解釋強加到當事人的經驗之上。一個觀察者的解釋可以是獨白式的（monologic），而壓抑了被研究者本身的聲音。這種解釋乃是透過觀察者的言語在呈現別人的經驗（比如吉爾茲的例子）。反

之，觀察者的解釋也可以是對話式（dialogic）或多聲帶的（polyphonic）：這樣的解釋反映了觀察者與被研究者之間的對話，並且書寫開放的文本，容許各種不同的聲音或解釋（Bruner, 1986; Bakhtin, 1981; Jordan, 1987; 以及下列例子）。對話式與多聲帶的解釋當然比較理想，因為這樣的解釋容許多元的聲音與看法。

對話式與多聲帶的解釋：十二步驟。以下是一則對話與多聲帶的解釋，取材自我對戒酒者的研究。在下列引文中，A.A.成員討論了「十二步驟」對他們的意義（在A.A.，十二步驟指的是將 A.A.的訊息傳達給尚在受苦的酗酒者）。

　　甲：我有一個問題。我的一個鄰居正在對抗（酗酒問題）。昨天我到他家，開門見山跟他說，我說……他需要幫助。

　　乙：我是乙，我是一個酗酒者。我今天本來是不想說話的。八年前的今天，我被帶到了八樓……因為我像個瘋子一樣。他們給我十二個步驟。只要有成功的十二步驟，就可以清醒。

　　丙：我是丙，我是一個酗酒者。我不知道我是怎麼恢復清醒的。有很多東西加上一起。我想那是一種整體的影響力，這個整體大於所有的部分加起來。

　　丁：我是丁，我是一個酗酒者……我現在正在幫助一個人，他有時清醒，但不久又開始喝，

就這樣循環著。我不知道怎麼辦。但我知道當初別人為我做的十二步驟是成功的（Denzin, 1987b, p.111）。

在上述的引文中，有四個聲音。每一個人都定義了十二步驟對他（她）的意義。甲講到他如何把訊息傳達給鄰居。乙描述自己在精神病房的經歷。丙描述她的痊癒，而丁說到他如何幫助一個尚在酗酒的人。我將此稱為對話的、多聲帶，或多元聲音的解釋。

分析的解釋。分析的解釋把抽象的（通常是因果論的）架構強加在一組事件或經驗之上。其分析架構往往取材自觀察者在研究情境時所引用的理論，雖然也可能來自研究現場（比如，以下討論吉爾茲對巴里島鬥雞的預設）。

描述與脈絡化的解釋：演出爵士。描述與脈絡化的解釋要配合被解釋的具體經驗，因此必然是傳記的、歷史的、表意的與內觀的。這種解釋必須觀照每個現象獨一無二的內涵與向度，指出個案的特殊性。描述與脈絡化的解釋應該是多元聲音（多聲帶的），以及對話式的，雖然這有時幾乎難以達成，甚至也不盡然必要。桑德淖描述了自己彈奏鋼琴爵士樂的技巧與進步：

當時間進入手指、手掌、手臂、肩膀，乃至於全身的時候，旋律與途徑之間也展現了新的關係……我會應用爵士樂的格言，以及我全部的「詞

彙」資源，全部的伸展技巧，來服務樂譜中的爵
士音符（Sudnow, 1978, p.141）。

在上述引文中，桑德淖解釋了自己如何充分表現樂
譜中的爵士音樂。他用時間來做比喻。時間進入了他的
手指、手掌、手臂、肩膀。這是一則深度的、描寫的、
脈絡化的、互動的解釋。

兩種描寫性的解釋：事實報導性的與解釋性的。描
寫性的解釋有兩種。第一類是事實報導性的；這種描寫
與脈絡化的解釋宣稱客觀記錄了一組經驗。第二類是解
釋性的，這種解釋乃是基於當事人對經驗的敘事。客觀
描寫性的解釋企圖報導事實。反之，解釋敘事性的說明
意在呈現解釋之後的經驗，而不自大地宣稱這種解釋乃
是基於正確無誤的事實本身（參見以下討論，以及上述
關於十二步驟的討論）。

關係與互動的解釋。關係與互動的解釋在闡釋一組
經驗時，會考慮情境中所發生的互動與社會關係。所有
的解釋都應該是關係的、互動的與脈絡化的（Couch,
1984）。這種解釋應該建立在深度的描寫之上，而且不
應該是分析性的。

上述幾種解釋之間存在著一定的交互關係。以下依
序進一步討論。

表面、分析以及觀察者爲主的解釋：吉爾茲和巴里島的鬥雞

　　我在上一章引用了吉爾茲對巴里島人鬥雞一些研究片段。我指出，他的描述經常模糊了解釋與描寫的分界。此爲吉爾茲的另一段陳述（Geertz, 1973, pp.450-451）：

> 　　在不斷的演出之中，沒有止盡地，鬥雞實現了巴里島人。同樣地，在不斷的閱讀之中，《馬克白》實現了我們，讓我們看到了他自己的主體性……而在鬥雞的時候，巴里島人形成和發現了他自己的性情，以及他社會的性質。

這些話是什麼意思？吉爾茲把鬥雞的文化文本比擬做莎士比亞的劇作，並認爲這兩種文本都給讀者帶來了主觀的理解。他又是怎麼知道的？這些都只是吉爾茲對鬥雞的解釋，而不是巴里島的男人或女人對鬥雞場合的認識與意義。

　　再看看另一則關於鬥雞的更抽象解釋。在此吉爾茲（Geertz, 1973, p.441）以命題的方式呈現了他對鬥雞的理解。

1. 公雞和人的同一性越強……人就越會提高他最好的……公雞。
2. 涉及的情緒性越強，比賽中的一般投入性越深……

下注的市民也越「實在」。

吉爾茲（Geertz, 1973, p.441）認為這兩個命題構成了一個形式的典範，其作用在於展現「鬥雞的邏輯架構，而不是因果關係」。在這兩個命題當中，吉爾茲對一個關鍵的文化文本提出了一種分析式的解釋（參見以上討論，稍後進一步說明）。這則解釋包括了許多很有問題的詞彙，比如「相似」、「最好的公雞」、「情緒性越強」、「一般投入性」、「實在的市民」等。吉爾茲完全沒有解釋這些詞的意思。這些詞彙以及吉爾茲藉以建立的解釋完全脫離了鬥雞的實際經驗，事實上還脫離了好幾個層次。

他的解釋沒有考慮到脈絡、關係與互動的層面。儘管看似深度的解釋，卻是獨白式的，壓抑了當事者的聲音。吉爾茲的解釋並不是對話的，他把自己的解釋強加上當地人的經驗之上。這些解釋僭越了本份，宣稱確實呈現了鬥雞的形式與內容（所謂的命題），卻完全失落了當地人對鬥雞的說明與解釋。也就是說，我們只看到了吉爾茲本人的鬥雞理論。至於他的理論是否吻合參與者的解釋，就不得而知了。

林德史密斯，負面的個案，以及分析式的解釋

我們必須進一步說明分析式的解釋。我引用了林德史密斯（Alfred Lindesmith, 1952, 1947）的著作，他所論

述的分析式歸納邏輯很像我所說的分析式解釋。分析式
歸納（及解釋）乃是一個逐步定義與解釋現象，以便加
以了解的過程。抽象來說，分析式歸納包括了以下幾個
步驟：

1. 對現象形成一個定義。
2. 對現象形成一個初步的解釋。
3. 依據這個解釋去檢視一個或一系列的個案。
4. 如果出現負面的個案，或不規則的經驗現象，則修
   正原先的解釋。
5. 繼續上述的過程，直到形成一個可以普遍解釋所有
   個案的全方位解釋（Denzin, 1978, p.192; 1988, chap.
   8）。

林德史密斯（Lindesmith, 1952, p.492）把這個過程稱為
分析式的歸納。我則稱之為分析式的解釋，因為歸納的
過程(從事實推論到規律性)永遠是解釋的(Athens, 1984a,
1984b)。林德史密斯指出（Lindesmith, 1952, p.492）：

　　　　選擇個案以驗證理論的時候，應該掌握住的
　　原則是盡量增加發現決定性負面個案的機會。當
　　一個研究者抱持著特定的操作假說去觀照他的資
　　料，他會特別容易注意到一些重要的領域⋯⋯他
　　知道，檢視這些關鍵個案，更容易突顯出他所持
　　假說的弱點。他必須特意去尋找這些負面的證

據。

　　下列例子取自林德史密斯（Lindesmith, 1947）對鴉
片毒癮的研究。他企圖建立毒癮的社會學理論。他的起
始假說是，一個人如果知道自己所服用的藥是會上癮
的，就不會上癮了。他同時認為，如果他們知道自己在
服這種藥，或是服用這種藥過久，以致於經驗到沒有藥
物的痛苦，就會上癮。在林德史密斯訪問過一個醫生之
後，這個假說被推翻了；這個醫生服用了嗎啡好幾個星
期，而且知道自己所服用的是嗎啡，卻沒有上癮。這個
負面個案促使林德史密斯形成另一種假說。他的新假說
是，當個人認知或感覺到不服藥的痛苦，並藉著再服藥
來解除這種痛苦，他們就會上癮。
　　林德史密斯（Lindesmith, 1947, pp.9-10）說明了他
如何尋找和利用負面的個案：

　　　　每一個接踵而來的試驗性假定……都立基於
　　之前的假說。最後的假說必須充分考慮到先前所
　　出現的例外，亦即不符合先前理論的個案，以便
　　修正先前的假定。

林德史密斯接著討論他如何刻意尋找負面個案，無論是
訪問毒癮者，或做文獻檢閱時。他認為所有的個案都沒
有牴觸他最後的假說。
　　分析式解釋意圖形成普遍的解釋，以便應用到所有

事例。這種解釋必須形成一個有意義的解釋整體，以便涵括所有個案。

分析式解釋的問題與優勢

分析式解釋受制於四個基本的問題。首先，其基礎的科學模型在於假說與理論的檢驗。其次，其假定事實是可以被蒐集的，並且可以被用來檢驗理論。也就是說，分析的取向往往忽略了事實的社會建構性（Fielding & Fielding, 1986, p.33）。所謂「客觀的事實」，或純粹客觀的，不包含解釋的理論檢測是不可能的（Patton, 1980, p.331; Lincoln & Guba, 1985, p.283）。第三，其將解釋的過程化約到一組脫離脈絡的，不考慮個人傳記的命題。於是，在作者的文本中完全看不到個人實際的體驗。就如本書第 1 章所指出，解釋互動論不贊成理論檢驗的假說。第四，如上所述，分析式的解釋壓抑了當事人的聲音。結果，獨白式的文本替代了當事人的解釋。

不過，分析式的解釋也有其優勢，而彌補了上述的缺點。首先，作為一種解釋的策略，這種取向迫使研究者明確指出其所研究的現象與問題（見第 3 章）。其次，讓研究者注意到一些容易被忽略的獨特的負面個案。第三，迫使研究者不斷地拿實際的體驗來檢驗他（她）的解釋。既然分析式解釋的結果無法生產對話、多元聲音的深度文本，研究者應該避免。

深度、脈絡、互動與多聲帶的解釋：伊龍格特的獵人故事

　　羅索多（Rosaldo, 1986, pp.97-138）研究了伊龍格特（Ilongot）的獵人故事，而提供了一個深度、多元聲音的脈絡化解釋。伊龍格特人約有三千五百人左右。他們住在菲律賓馬尼拉的東北高地上。他們是獵頭族，主要是靠獵鹿或野豬和種地為生。他們的故事充滿了戲劇性，其內容是打獵，殺野生動物，冒險，對死亡的恐懼，以及人類最後如何戰勝了動物。

　　羅索多介紹與分析了幾個故事。以下是其中的片段：

　　　　讓我們到遙遠的地方去……然後我們會打獵。在我們吃完了獵物後，我將到馬布（Mabu）的叉地，在那裡我們可以真正的打獵……我們將到最高的山上打獵（Rosaldo, 1986, p.104）。

另一則故事包括了以下的片段。一個魔鬼在跟一個獵頭族人的妻妾們說話：

　　　　不要去拿她們的陰道……和他們的陰莖，喔，他們會讓我們喝醉。就是這時，他們說，朋友，他們岔開，這些伊龍格特人會，有人突襲，躲起來，然後捉住他們。偷偷摸摸地，他們逮到

了他們（Rosaldo, 1986, p.124）。

羅索多對這些故事提供了以下解釋。

> 伊龍格特人所講述的這些自我故事不但反映了實際發生的事，也指出了他們在未來狩獵時所追尋的經驗。事實上，他們在打獵時所採取的姿勢很類似說故事時的姿勢，因此，故事也引導了打獵的經驗……伊龍格特的獵人把自己定位為自己故事中的主要角色（Rosaldo, 1986, p.134）。

羅索多對這些故事的解讀符合了獵人本身的實際經驗與想像經驗。他指出這些故事如何組織了未來的狩獵。以此而言，他結合了當事人的解釋理論和他自己對於故事的解釋。值得注意的是，他確實追究了故事的「事實」正確性。他把故事視為人們對事件的說明，可能發生過，也可能沒有發生過。以此而言，他在解讀故事時，乃是把故事視為伊龍格特獵人對自身實際體驗的符號性表達。

身為受害者的被虐妻子

詹森和弗瑞洛（Johnson & Ferrraro, 1984, p.119）討論了所謂「受害的自我」（victimized self），並將之定義為「一種感覺與思考的夾雜，乃是基於個人極度強烈

的感覺到受到另一個人或一些人的侵害、剝削或錯待」。
他們大量分析了受虐妻子的經驗，他們指出：

> 當個人的存在遭受威脅之際，受害的自我就
> 出現了，而當個人採取行動去建構新的、較安全
> 的生存條件時，受害自我就消失了……將暴力與
> 虐待的合理化失去原有的力量，〔受害的自我〕
> 就出現了（John & Ferraro, 1984, p.121）。

這些解釋是脈絡化的，傳記式與互動的——透過傾聽受
虐妻子講述她們的婚姻故事，並提出解釋性的解讀。他
們最後的解釋理論是多元聲音與對話式的。這樣的理論
乃是基於當事人的解釋，並且事實上只闡釋了這些解釋
當中所隱含的內容。這是一個深度解釋的典範，挖掘出
了實際體驗的世界當中既已包含的解釋理論。以下討論
理解，以及理解與解釋之間的關係。

理解

解釋是意義的澄清。理解則是解釋，認知與領會別
人所感受、意圖與表達的意義（Denzin, 1984a, pp.282-
284）。解釋先於理解。解釋的意義在於，使用對於當
事人有意義的架構來描述別人的行動。在解釋的過程

中，研究者必須將經驗的單位劃分爲幾個對當事人有意義的重要片段（陳述、序列與行動）。

描述提供了解釋的素材，同樣地，解釋提供了理解的條件。理解是一個互動的過程。在理解的過程中，一個人必須進入另一個人的經驗世界中，並且「親身體驗和別人一樣或類似的經驗」（Denzin, 1984a, p.137）。「從自己的觀點去主觀解釋別人的情緒經驗，乃是情緒性理解的核心」（Denzin, 1984a, p.137）。也就是說，共享或可以共享的情緒性乃是理解過程的核心。理解牽涉到兩個基本的詞彙：「解釋」與「共享的經驗」。以下一一簡短討論。

解釋。除非經過解釋，不可能理解別人的經驗。也就是說，在進行有意義的解釋之前，必須先有深度描寫的條件。一個暴力動作如果脫離了脈絡，就沒有了意義。爲了解釋這個符號性的動作，讀者必須知道在暴力發生之前出了什麼事。讀者也必須知道這個動作之後發生了什麼。一旦建立了事件的脈絡，就可以探知動作的意義。這就是描寫與解釋的交互與合作關係。

共享的經驗。如上所述，在理解的時候，一個人必須進入別人的經驗世界，或採取別人的觀點。米德（Mead, 1934）稱之爲「採取別人的態度」。還有很多詞可以描寫這種過程：「同情」（sympathy）、「同理心」（empathy）、「想像力」（imagination）、「理解」（Verstehen）、「同情式的理解」（sympathetic understanding）（Denzin, 1984a, p.133）。這些詞彙雖然不同，意義卻是一樣的：

將自己投射到別人的經驗中。這表示,別人的經驗必須在自己心裡喚起和當事人類似的感覺。個人也必須從自己的觀點出發去看別人的經驗,此即所謂的「把自己融入別人的生命中」。個人必須分享別人的情緒經驗,即使只是間接的。如若不然,終將只有膚淺、空洞、虛假或單向的解釋與理解。

理解的類型

理解有兩種基本的形式:認知的或情緒的(Denzin, 1984a, pp.145-156)。情緒性的理解乃是循著情緒的線索進行,包括互動與解釋過程當中出現的情緒性、自我感覺與共享經驗。反之,認知的理解是理性的,有秩序的,與情緒的感覺脫離的。認知的理解以邏輯、理性與合理性取代了情緒。實際上,我們很難完全區分這兩種理解,甚且是不可能的。這是因為在人的經驗之流中,情緒與認知乃是混雜出現的(James, 1890〔1950, vol.1, pp.185-187〕)。

這兩種理解可以再細分成兩個範疇。第一種是虛假的理解(spurious understanding)。當一個人只是在表面上進入別人的經驗之中,就會產生這種情形。在虛假的理解當中,個人將自己的理解強加在別人之上。這通常是因為個人不願意採取別人的觀點,或許誤以為別人的感覺跟自己的感覺一樣。此外,也可能是因為個人在描寫別人的行動與經驗時,只做了表面與漠不經心的描

述。

第二種理解是真實的或真切的情緒性理解。當一個人進入了別人的經驗之中，再現或感覺到別人所感到的經驗，或至少類似的經驗。這表示，真切的情緒性理解必須以共享的情緒經驗為基礎。

有了以上區分，我們就可以進一步加以澄清。既然有認知或情緒的理解，也就有認知或情緒的解釋。認知的解釋去除了經驗中的情緒性，只處理單純的事實。這種解釋乃是基於表面的描寫。情緒性的解釋則隨著情緒和感覺起伏。

● 一個事例

以下的陳述出自一個保持六年清醒後又失足酗酒的人。他在戒毒中心跟另一個 A.A.成員說話。

　　　O 對 P 說：當我清醒的時候，我並不會想到八年前的那件事（他性騷擾了一個小孩）。但我只要一喝酒，就會在腦中浮現這件事，而且又想去做。我一想到就快發瘋。或許這就是我又開始喝酒的原因，這樣我就可以去想那些瘋狂的事情。我不知道。我真是被酒精害慘了。A（前妻）幫我克服了酒精。她很有錢，房子、車子，什麼都有。我能做什麼？我可以幾星期不喝酒，然後又故態復萌。我又開始喝酒。我能做什麼？她搞得我抓狂，我就揍她，把她往牆上扔。現在我已

經回不了家了。

　　我知道我是個酒鬼。我知道「計畫」。我知
道如何保持清醒，可是我就是辦不到。你知道我
都有來參加會議。我知道我只要一喝就停不了。
我甚至可以承認我是酒鬼。我的內心卻感覺不
到。我仍然相信我可以喝酒，並且控制自己的行
為。我還是想喝酒。我可以說出「我酗酒」，可
是我感覺不到。老天，我是不是瘋了？（私下談
話，1985 年 8 月 1 日）

　　上述討論的每一種理解與解釋都採取了這種自我故
事的形式。上述引文的講述者 O 對自己的酗酒問題，提
出了認知的理解與解釋。他在情緒上理解了他喝酒時所
感受的痛苦，但他在內心深處並不感覺自己在酗酒。他
對自己的處境並沒有情緒上的理解與解釋。他的理解是
表面的、虛假的。他把自己抽離出他酗酒所造成的負面
經驗。他並沒有真實或確實地掌握與理解自己酗酒的行
為與副作用。

　　同樣地，他在認知上掌握了 A.A.的計畫，卻無法在
生活中實踐這個計畫。他也知道這點。可是，他沒有把
這種認知上的理解扣連到深刻、情緒性的自我理解。

　　個人對自己和別人的理解與意義，無不仰賴這些理
解與解釋的形式。在個人日常所經驗的某些互動當中，
甚至所有的互動當中，都會出現這些理解與解釋。既然
這些形式乃是日常生活中不可缺少的一部分，解釋社會

學家應該要有能力去掌握相關的詞彙。但這只是基本的工作。這些理解與解釋的形式或模式定義了解釋的基本目標。簡短而言，解釋的目標在於，掌握被研究的現象，建立真實、切實的理解。正此，深度的描寫乃是解釋研究的一大關鍵。唯有深度的描寫，方能創造逼真性，並引領讀者進入被研究者的情緒經驗中。

理解和應用的研究

我曾經指出（見作者序），很多應用、評估的研究都是基於特定方案對相關問題的解釋與理解。我同時指出，我們應該考慮當事人本身的觀點（即地方理論）。評估者所形成的認知或情緒理解往往是虛假的，他們的解釋經常是基於扭曲或偏差的現象圖像。應用的評估研究所需要的解釋與理解理論，必須充分觀照本節所討論的區分。

哀傷以及一個獵頭族的憤怒

讓我們再回去談談羅多索筆下的伊龍格特獵人，這些獵人乃是有名的獵頭族。當羅多索問他們為什麼要獵人頭，他們總是回答：「喪親的痛苦會驅使人去獵頭。」（Rosaldo, 1984, p.179）他總是覺得這個答案太簡化、表面，並且難以置信，因此不以為然。不過，1981 年，他的妻子米雪兒在菲律賓不幸逝世。當時他們正在伊龍

格特做研究。羅多索形容了他的心情：

> 我痛哭著，但憤怒止住了我的眼淚……我發
> 現我胸口鬱積的哀傷讓我心如刀割、難以忍受，
> 我像槁木死灰般地領悟到人終將一死的事實，我
> 的肚子像是在翻騰，就像全身都在哀號……在雪
> 莉死了六個星期以後，我在日記寫著：如果我繼
> 續做人類學，寫下標題「哀傷以及一個獵頭族的
> 憤怒……」……更深刻地去反省死亡、憤怒與獵
> 頭的行為，我的日記接著描寫我如何嚮往伊龍格
> 特人解決哀傷的方式；他們比基督教徒實際多了
> （Rosaldo, 1984, p.184）。

　　從他對妻子之死的哀痛出發，他寫成了「哀傷以及
一個獵頭族的憤怒」（Rosaldo, 1984）。在他體會到喪
親的痛苦之前，羅多索無法進入並理解伊龍格特人的經
驗。然後，他對於獵頭族的憤怒有了情緒性的理解。在
他失去愛妻之後，他終於領悟到伊龍格特人對獵頭行為
所提出的簡短解釋。

情緒的教訓

　　羅多索的經歷給了我們一些教訓。首先，除非觀察
者能夠在情緒上進入當事人的經驗世界，否則不可能寫
出有意義的解釋。其次，除非書寫的解釋能夠引起情緒

上的認同與理解，否則讀者不可能在情緒上認同或理解
這些解釋。你不可能期待讀者去理解作者本身沒有感覺
到的情緒。第三，作者的文本必須活生生重現當事人實
際的體驗，否則將只有虛假的理解。第四，如果讀者不
願意進入作者的文本，以及他（她）所發現的體驗世界，
就不可能創造情緒的理解。

結論

　　本章檢視了解釋的形式與類型，也討論了解釋、描
寫與理解之間的關係。我強調了情緒性在解釋過程中所
佔的核心地位。我將在下一章繼續討論這些結論。

7

結論：解釋互動論

本章複習了研究問題經驗的解釋取向，及其基本特色。解釋互動論乃是後現代世界歷史中的一部分。

本書的基本問題乃是：如何進行解釋互動論這種質化研究的模式。這個問題有雙重的目標。一方面，這個問題闡釋了解釋研究的結構。另一方面，透過這樣的探究，我們才知道研究重大生命經驗的重要性。這些經驗徹底改變了個人對自己及其經驗所賦予的意義。在本書的結論，我將複習並反省這兩個目標。如果我們想要提高解釋社會學在人文學科裡的地位，則必須進一步闡述與呈現解釋互動論的基本特色。

本章將討論以下幾個議題：（1）解釋的步驟與階段；（2）傳記經驗的結構；（3）解釋的閱讀與書寫；

（4）虛構與解釋，以及（5）後現代階段的解釋互動論。

解釋

解釋研究的題材是具有傳記意義的經驗。借用喬伊斯（James Joyce）的小說，我使用「主顯節」（epiphany）的概念，來描寫那些在人們生命中留下不可抹滅印記的互動時刻，不論這樣是印記是正面或負面的。對於個人來說，這樣的時刻往往是私人的苦惱，但稍後則可能成為公共的議題（Mills, 1959）。在某些時刻中，主顯節則是正面的，比如當民權鬥士馬丁路德金恩牧師某一天晚上坐在廚房時，在內心聽到了耶穌基督的聲音。解釋互動論者所要尋找的正是曾經經歷過主顯節的被研究者。我在本書舉出了許多主顯節的例子，比如謀殺、毆妻、酗酒、尋求戒酒的幫助，以及經驗到喪妻之痛的丈夫。

解釋的步驟

解釋過程有七個步驟（見第 3 章），以下簡短介紹。

* **常識性的原因以及探討「如何」的問題**
  解釋研究所探討的是「如何」，而不是「為什麼」

的問題。這是解釋過程的第一個階段。在回答「如何」問題的時候，研究者應該觀照到當事人或被研究者對於他（她）「爲什麼」會有這類經驗的解釋。因此，研究者必須區分常識性的因果思考，以及科學性的因果論。常識性的因果解釋「所基於的素材，乃是在科學說明以外，卻是後者的起草基礎」（Lindesmith, Strauss & Denzin, 1988, p.147）。它們並不附屬於科學知識本身（Garfinkel, 1967, p.271）。因此，爲什麼或因果的問題必須被化解爲「日常的」因果說明。也因此，這類問題的答案通常是一種對行動的說明、辯解或合理化（Lindesmith, Strauss & Denzin, 1988, p.146）。解釋研究的目的在於，針對個人對自己生命轉捩點經驗所賦予的意義，找出其背後的常識性理由。在這樣的解釋過程中，研究者所關心的乃是存在性主題經驗的「如何」與「爲什麼」。

• 私人苦惱與公共議題

「如何」問題的架構與定位通常會超出研究者本身的傳記經驗，而擴展到其他經歷相同私人苦惱的人會去的地方。研究者因此必須進入這些場所，蒐集關於這類經驗的傳記式說明、個人經驗敘事以及自我故事。隨著這個傾聽與蒐集故事的過程，研究者必須進一步精簡他（她）的研究，最後用一句話來總結其研究問題（我在第 3 章提出了幾個例子）。研究者是否真的了解他（她）的問題，端視他（她）是否能夠用一個簡潔的問句來表述這個問題。

- **解構與文化研究**

在「如何」的問題成形之後，研究者必須努力擺脫自己先前對於該現象的成見。否則，研究者將成為自身偏見的奴隸。要擺多成見，研究者必須認真檢閱相關的現存科學文獻與常識性文獻，並提出解構性的解讀。此為解釋的第二階段。比如，在我對於美國酗酒者的研究當中，我批判性地檢閱了關於酗酒的現存科學理論。我也解讀與解釋了 A.A.對於酗酒的測驗。

文化理解與文化文本塑造了實際體驗的世界。這些文本經常賦予了問題經驗的意義。比如，以酗酒為主題的電影會告訴觀眾，酗酒者是如何走上這條路。有的電影呈現了 A.A.的運作。有的電影把重點放在治療中心的酗酒者。這些影片經常把焦點擺在酗酒者及其家人的實際體驗上（Denzin, 尚未出版）。

因此，任何解釋研究的主要步驟都在於，研究者必須致力蒐集相關的描寫問題經驗的文化文本。然後對這些文本進行解構與解讀，對於其中一再出現的意象進行解析。研究者必須解讀文本中所包含的記號性指涉結構（見第 2 章）。同時，研究者也必須從女性主義的理論去解讀這些文化文本，以便發掘出其中的女性意象。此外，這些文本中也必然包含了對於工作、金錢與經濟的特定圖像。這些都是研究者必須指出的（Denzin, 1987c）。

因此，一個文化文本的解構應該是記號學的、女性主義的以及文化批判的。研究者必須指出文本中所包含的主流意義與語碼，然後進行巔覆性的批判解讀，揭發

文本中所隱藏的價值觀與預設。

- **捕捉、括號起來以及建構**

　　解釋過程的第三、第四與第五的步驟分別是捕捉、括號起來，以及建構。為了捕捉，研究者必須進入「如何」問題所發生的社會經驗世界中，並蒐集相關現象的自我故事與個人經驗敘事。這些敘事乃是符號性的表達，受塑於社會團體的文化與意義系統。在捕捉的階段中，研究者必須指出社會團體的文化實踐如何塑造了個人對於自身經驗的敘事與符號性表達。

　　在括號起來的階段，研究者則必須檢視這些符號性表達本身的內在特質，指出其中反覆出現的特色，比如被虐妻子在講述其暴力的婚姻生活時，所經常提到的根本要素。把這些反覆出現的特色括號起來，研究者可以把個人當做一個普遍的獨特個體。換言之，每個關於同一現象的經驗故事既存在著一定的相像性，又各有其不同的特質。

- **脈絡化**

　　在取得了當事人對問題經驗的敘事說明之後，研究者必須把該現象放回被研究者的生命當中考察，此即脈絡化的工作。這是解釋過程的第六個步驟。在這個階段中，研究者必須把焦點擺在個人的傳記上，以及這些轉捩點經驗對於個人及其社會關係的影響。透過脈絡化的工作，問題經驗的說明被放回到被研究的關係世界之

中。

●　**書寫解釋**

　　在研究者經過了上述的六個解釋步驟之後，他（她）必然要開始書寫解釋。此爲解釋過程的第七個階段（當然，研究者在上述的階段中也需要書寫，比如田野日誌、備忘錄、工作筆記等，見 Strauss，1987，第 7 章）。我稍後將詳細說明書寫解釋的問題（也請參見第 6 章的討論）。

傳記的經驗

　　有意義的傳記經驗發生在轉捩點的互動情節中。在這些存在性的問題時刻中，人類的特質表露無遺，人類的生命被塑造成形，而且往往沒有轉寰餘地。接下來，我們必須討論這類時刻的結構以及這些時刻所延伸出來的經驗流。

四種經驗結構

　　個人生命中的存在性問題時刻或主顯節，主要有四種結構或類型。首先，有些時刻是重大的，影響了一個人生命的全部。這種時刻的影響力是立即而深遠的。其

次，有些主顯節的出現乃是因爲某些長期存在的事件所引發的反應或爆發。第三，有些時刻的重要性雖然比較次要，但在符號上象徵了一份關係當中的重大問題時刻。第四，也是最後一項，有些主顯節的影響力是立即的，但只有在稍後的回顧中，亦即在當事人對於事件的想像與重現當中，才能掌握其意義。我將以上四種問題經驗的結構命名如下：（1）主要的主顯節；（2）累積的主顯節；（3）闡明或次要的主顯節，以及（4）想像再現的主顯節（當然了，任何主顯節都可以被想像地再現，並在回顧當中獲得新的意義）。同時，這四種主顯節可以建立在彼此的基礎之上。同樣的一個事件，在個人的不同人生階段中，可以先是主要的，後變成次要的，稍後又變成想像重現的主顯節。而在個人生命中的某個時刻中，一個累積的主顯節很可能會爆發成爲一個主要的主顯節。接下來舉例說明。

• 主要的主顯節

　　再回想杜思妥也夫斯基《罪與罰》的主人翁洛思科林克夫殺人的情節。在本書第 1 章，我引用了杜思妥也夫斯基對這段情節的說明，作爲深度描寫的一則範例。《罪與罰》的讀者都知道，這個殺人事件乃是洛思科林克夫生命中的一個重大的轉捩點經驗。因爲這件事，他被逮捕、審判、入獄，進而在監獄中有了宗教的體驗。

- **累積的主顯節**

   再回想詹森（Johnson）和弗瑞洛（Ferraro）所研究的被虐妻子（第 6 章）。這位女性和她暴力的丈夫生活了好幾年，直到有一天他用槍指著她的頭，她才終於下了決心離開。就在她決定離開之後，她提出了控訴，要求離婚，並得到她應有的財產。這個女人的轉捩點經驗並不是忽然出現的，而是她過去長年以來的經驗的累積與爆發。

- **闡明和次要的主顯節**

   接著，讓我們看看下列的互動情節：四個人坐在廚房的餐桌邊。一個寡婦看著後院裡的鳥食盆。這四個人分別是傑克，一個 55 歲的單身漢，他的女朋友莎朗，傑克的母親梅，以及傑克的朋友保羅，一個剛離婚的 47 歲男人。保羅是最近才認識梅。梅和傑克母子倆近年來一直爭吵，因為傑克始終無法定下來結婚成家。以下是他們的一席對話。

   梅：（看向窗外）我說，那個鳥食盆都空了。這幾天好像一直都是空的。

   傑克：沒關係啦，媽，我會再倒鳥食進去。鳥食還是放在老地方吧。

   梅：是啊，不要放得太滿，放一半就好了。（轉向莎朗和保羅，當著傑克的面說）他從不聽我的話。他老是把鳥食撒出來，跟小孩子一樣。

傑克：（從後門走出去，從小木屋中拿著鳥食的大袋子，往鳥食盆走去。把鳥食往盆子倒，直到滿出來了，鳥食撒得滿地都是）。

梅：（隔著客廳的牆壁怒吼）你是白癡啊！我不是說倒一半就好了嗎！你都沒聽到啊？他從來都不聽我的話。每次都這樣。他為什麼就是不能聽我的話？

從上述的母子互動，我們可以看出他們關係中潛藏的緊張與衝突。這並不是一個轉捩點的時刻，卻揭露或闡明了這份關係中長久存在的裂痕。做兒子的不願意照著母親的期待過日子。他故意不聽母親的話，而讓鳥食撒得滿地都是，就是象徵了這個裂痕。這因此是一個次要的主顯節。

- **想像重現與回顧意義的主顯節**

最後，米雪兒・羅索多在 1981 年的逝世：對於她的丈夫雷納透（Renato）來說，一直到兩年以後，他才完全了解失去她的意義。她的死亡乃是他生命中的一個主要的主顯節，促使他去重新解釋他和整個人類學領域的關係。

研究主顯節

第 2 章詳細討論了研究者如何獲得與解釋傳記式的

問題經驗。我詳細說明了傳記研究的方法，包括如何取得問題經驗的故事。在此我沒有什麼要補充的。研究者只要將他（她）的研究立基於實際的體驗之上，自然就會觀察到或聽到主要的、累積的、次要的與想像再現的主顯節經驗。我在此要特別強調的是，在任何解釋研究當中，研究者都應該盡可能地去蒐集各類的主顯節。前提則是，研究者要對於被研究的問題經驗進行深度的描寫與解釋。換言之，研究者必須進行存在性的民族誌研究（existential ethnography）（Denzin，尚未出版，第 7 章）。

解釋的閱讀與書寫

在此有必要簡短分析一下解釋的閱讀與書寫。換言之，我必須討論讀者、作者和文本。在脈絡中，一個「文本」指的是任何可以讀聽看的書面、視覺、口語或聽覺（比如音樂）陳述。所有的文本都有作者。一個文本的作者可能是平常互動中的個人，或專業的學者作家。一個閱讀、傾聽、觀看和解釋文本的人則是「讀者」。一個讀者可能是一個平常人，或專家學者。一個「書寫者」，或作者，則可以是個人、單位或制度，只要他們創造了一個可以給別人讀聽看的文本。一個作者可以是講述自己故事的平常人，或專業的作家，比如民族誌學家、社

會學家或批評家。讀者、作者和文本都是存在於一個更大的文化、政治與意識型態的脈絡當中（Barthes, 1967）。一個政治或意識型態的過程結構了讀者、作者與文本的創造。接下來先討論讀者。

讀者

我在第 6 章指出，解釋性文本的作者需要願意進入文本的讀者。也就是說，讀者必須有意願進入作者文本中所包含的情緒經驗之中。卡拉瑞基（Coleridge, 1817〔1973, p.516〕）將此稱為，「暫時不去懷疑的意願」，亦即讀者必須信任或相信作者所說的話。但這只是起點。

一個讀者在閱讀的時候，賦予了文本意義，同時也創造了文本。也就是說，一個文本中沒有所謂的絕對的起點或零度（Barthes, 1953〔1973〕）。這點牽涉到三個議題。首先，文本的意義並不是截然分明的。讀者會將自己的經驗帶進了文本中所書寫的經驗。其次，讀者對於文本中所使用的字詞也會有自己的理解與解釋。第三，當讀者與文本進行情緒與知性上的交流時，他們可能會喜歡文本，也可能討厭它，覺得無聊，不以為然，不了解，或完全贊同。一個讀者絕不可能對於文本保持中立的關係。

以下是一個口述文本的作者在挑戰他的聽眾。他在一個 A.A.會議上發言。

你們可能不會喜歡我接下去要講的話。你們
可能會討厭我。可是沒有關係。我說過謊，作過
弊，也偷過東西，我曾經打過人，有一次我把一
個人的背打斷了，只因為他不給我酒喝。我不在
乎你們怎麼想，我是為了我自己而來的（Denzin,
1987a, p.191）。

在上述的引文中，說話者，作為自身文本的作者或書寫
者，預期到他的讀者所可能產生的厭惡感。他知道沒有
客觀中立的聽眾。
　　以下的陳述證實了這個說話者的預期。

　　他在幹什麼啊？他以為他是誰啊？他以為自
己很特別嗎？他究竟來做治療多久了？他要什麼
時候才會學會為自己發言，而不是為那些他所設
想的聽眾發言？反正我不相信他。我受不了像他
這種人。

這是一個聽眾的看法，作為一個口述文本的讀者，他對
文本及其作者做出了判斷。
　　讀者在閱讀一個文本，並和文本產生互動的時候，
也建構了這個文本。也就是說，對於特定的讀者來說，
有些文本會比其他文本更容易讀。我個人偏愛深度描
寫，以及能夠引發情緒共鳴的解釋。有的讀者則喜歡條
理清楚分明，不帶情緒性的文本。

書寫者與文本

作者所生產的文本受塑於四種力量或過程：（1）語言；（2）意識型態；（3）神話，以及（4）歷史、常規和風格。

* **語言**

語言當然結構了書寫的過程。文字定義了書寫的物體和經驗。但是，語言的句法與語意結構（亦即句子構成的規則、意義的規則等）也限制了作者所能書寫的範圍。比如，我不可以把牛稱為狗，卻告訴你我在書寫的是牛。我不可以說「牛寫關於一頭我」，然後說服你說我在說的是「我在寫關於一頭牛」。語言結構的規則侷限了我的書寫，以及你的閱讀與解釋。

我所書寫的每一個字，我所指涉的每一個客體，都早已充滿了意義。如果我要寫關於經驗，或主顯節，你也會將你原先對於這些詞所了解的意義帶進來文本的閱讀當中（如上所述）。如果你去查字典，你會發現這兩個字各有許多不同的意義。文字充滿了意義。因此，一個作者用以書寫的語言也部分決定了他（她）所書寫的內容。這點當然也適用於讀者。

* **意識型態與神話**

Barthes（1957〔1972〕）提醒我們，一個社會中有很多制度會不斷生產這個社會的文化與知識，這些制

度——包括法律、醫學、宗教、自然與社會科學、人文學科、藝術、大眾傳播——生產與再生產了知識，並記錄了社會事件，從而結構了日常生活的意義。這些再現、記錄與文本經常讓被書寫或記錄的事件顯得「理所當然」（naturalness）。在這樣的過程中，它們「粉飾了現實，儘管這是我們生活其中的現實，卻也是歷史所決定的」（Barthes, 1957〔1972, p.11〕）。當發生的事件被展現成為自然的事情，自然和歷史也就被混淆了，因為，在文本中被表現為「無庸贅言的東西」（what-goes-without-saying）其實乃是意識型態所塑造的（Barthes, 1957〔1972, p.1〕）。換言之，我們不能誤以為文本的陳述可以「忠實」再現其所指涉的社會情境。任何文本都是對於社會情境的意識型態再現。文本乃是社會的意識型態再現，同時也反映了文本生產者的偏見。

- 性別
    這些再現（representations）往往反映了父權與男性的解釋偏見。它們採取了男性的眼光、男性的聲音，去看待這個社會世界。這種再現與文本往往把男性特質等同於客觀性，把女性特質等同於主觀性。從而「模糊了科學核心當中的父權偏見」（Cook & Fonow, 1986, p.6）。這種記錄就像神話，只是複製了後現代社會當中的既存性別階層系統。

- 神話

　　社會科學家所書寫的再現很可能和「神話」沒有兩樣。神話乃是一個基於日常現象的文本。一則神話講述一個故事，而這種故事有意無意地解釋了某些事實、現象或事件。透過神話，故事中的現象可以被閱讀，並變得很容易理解，很自然、很有條理、很理所當然。一個神話呈現了關於現實的「真相」。

　　本書提供了許多神話的例子。我在第 5 章引用了考林思（Randall Collins）如何解釋美國社會中的「評分與約會情結」。在考林思的陳述中，他對約會系統中的暴力提出了解釋。他的弦外之音是，有些女人乃是有意被強暴，因為她們覺得這樣就可以和心儀的對象結婚了。這種說法根本就是神話，只是合理化說明了發生的事情。

　　神話經常扭曲和複製了社會文化中既存的偏差或成見。考林思對約會暴力的說明，可以被解讀為指控女人有意無意色誘男人去佔她們便宜。推到極致，這種解釋等於說女人被強暴是活該。我們必須注意，所有的神話都是一種意識型態。有些神話支持了既存事實，有些則挑戰了社會世界中的秩序。右派的神話支持既存秩序，而左派的神話訴求基進的社會變遷（Barthes, 1957〔1972, pp.145-150〕）。

- 歷史、常規與風格

　　語言、意識型態與神話塑造了文本的內容。常規和

風格影響了書寫的內容。常規指的是既定的表現方式或模式。風格則是指特定常規的不同版本，通常和特定個人或團體的作品有關。以社會科學的歷史來說，書寫的常規主要有兩種：科學論文，以及人文學科式的文章。科學的論文建立在客觀性的迷思之上，並經常使用「假說」、「假設檢定」、「信度」、「效度」、「概推」、「標準差」等字眼。這類論文通常不使用第一人稱的陳述。作者在書寫文本時，假定自己已經審慎地客觀建構出經驗的現實。在科學論文的常規結構當中，個別的作者可以建立自己的獨特風格。

人文學科式的文章則經常採取第一人稱的敘述方式。其出發點是主觀性的神話，以及研究人類的重要性。這種文章缺乏了科學論文的嚴謹，並且避免使用「假說檢定」與「信度」等詞彙。在社會科學當中，遵循這種常規的作者（與讀者）會比較喜歡文學的書寫風格。別克（Howard S. Becker, 1986a, p.105）如下闡釋自己的書寫風格：

> 大約在七○年代，我開始對自己的文學能力產生自負與野心。我想這一切都是因為一個朋友，他是一個「真正的作家」（小說家），他看了我正在寫的一篇關於藝術的文章，給了一些評論……我開始實驗一種全新的寫法。

- **解釋書寫的風格**

當然，解釋性的書寫乃是屬於社會科學中的人文學科式書寫傳統。我在前一章指出了幾種書寫解釋的方式與風格，包括了獨白式的、對話式的、多聲帶的、分析的、事實描述的，以及解釋敘事的風格。除此之外，我必須額外介紹三種書寫風格。分別是（1）主流的實在論；（2）解釋的實在論，以及（3）描寫的實在論（Rabinow, 1986, pp.234-261）。

主流的實在論（mainstream realism）。主流的實在論假定，一個文本的作者可以對個人或團體的現實提供一個客觀的說明或描繪。這樣的實在論企圖捕捉一個文化或社會結構的客觀要素。比如，一個實在論的研究可能會使用傳統的社會科學概念，比如親族、經濟與宗教的系統、規範與價值、偏差與社會控制。然後，將這些結構納入研究者所觀察到的經驗當中。主流的實在論假定，在被研究的團體當中確實存在了親族或政治系統等概念所指涉的結構。同時也假定了，研究者可以對這些結構進行「客觀的」解讀。主流的實在論只能生產出獨白式與分析式的解釋文本（參見上述考林思的例子）。

解釋的實在論（interpretive realism）。在解釋實在論的書寫模式當中，作者假定自己有能力解釋別人的現實。吉爾茲（Clifford Geertz）就經常生產這種文本（Crapanzano, 1986）。在這種書寫當中，觀察者的解釋取代了當事人的看法。解釋實在論的文本經常一副「我曾在那裡，這是我的經驗」。可是，這種經驗的口吻並

不是當事人的，而是經過觀察者的過濾。

• 　描寫的實在論

　　在描寫的實在論當中，作者努力讓被研究的世界本身發言解釋自己。在此，作者所採取的書寫策略是，讓多重的聲音來講述他（她）的文本。影評家卡庫特尼（Michiko Kakutani, 1987, p.1, 50）討論了約翰·休斯頓（John Huston）的電影《死者》（The Dead），這部電影乃是改編自喬伊斯的同名短篇小說《死者》。卡庫特尼認為，喬伊斯的早期小說將約翰·休斯頓引領到實在論的可能性，然後他引用了《死者》一片的製作人之一舒茲凱爾（Wieland Schulz-Keil）的話，後者在談話中提到了約翰·休斯頓可能：

　　　　從喬伊斯那裡學到，一個故事不應該解釋生命，而應該描寫其中的秩序，讓生命本身得出自己的解釋。喬伊斯和約翰·休斯頓讓故事的角色自然顯示出生命的觀點。從人物的思想，他們的意識……他們的話語與行動當中，觀眾可以看到生命的解釋。那並非只包含一種觀點，而是許多不同觀點的交織重疊，或彼此衝突。這是行動中的實在論。這解釋了何以……在這兩個作者的作品中，都沒有同質化的一致風格。他們的風格乃是隨著角色而更迭，而角色的生命觀點……在任何事件中呈現。

描寫的實在論是對話式與多聲帶的。這種文本使用當事人自己的話，來講述他們的故事。並讓解釋從故事中自然釋出。揭露出實際體驗的衝突性，並指出沒有任何單一的故事或解釋可以充分捕捉被研究的問題事件。描寫的實在論假定，要對經驗形成合理、可能的和可以操作的理論與說明，必須根據親身體驗過該事件的人。畢竟，文本所講述的乃是他們的生命。

　　以下的例子取自潘南諾（Vincent Crapanzano, 1980）的著作《涂漢明：一個摩洛哥人的圖像》（Tuhami: Portrait of a Moroccan）。涂漢明是一個摩洛哥的製磚工人。他告訴奎潘南諾一些關於他自己的故事，這些故事太過荒誕，實在不可能是「真的」。可是，涂漢明是真心相信這些故事的真實性。看看以下的片段：

> 那是我昨天告訴你的……
> 　　我做夢的時候，夢到事情都是真的，我做夢，在夢裡打架。我乞求的只有阿拉真神....今天我感覺我的身軀很強壯……當你燃燒香料的時候，你可以把別人的脖子擰斷……我將得到我的自由，因為我在房裡看到了加蘭夫人（Mme Jolan）。當我醒來的時候，我看到了她（Crapanzano, 1980, p.172）。

涂漢明相信他的夢境都是真實的。他以這些經驗作為他的生活指南。他並不是沒有能力區分個人歷史的「現實」

（reality），以及「自傳的真相」（truth of autobiography）
（Crapanzano, 1980, p.5）。個人歷史的現實乃是指，文
本或敘事符合某些外在的可見經驗。而一個自傳的真相
則在於「文本本身，不管任何外在的判準，或許除了敘
事的我之外」（Crapanzano, 1980, p.5）。描寫的實在論
所要捕捉的乃是傳記的敘事（個人的經驗與自我故事）。
以客觀的證據來說，這些故事可能是真的，也可能不是
真的。這些故事結構了敘事者的生命經驗。講到這裡，
我必須進而處理虛構與解釋之間的關係。

虛構與解釋

　　虛構通常是故事或敘事，亦即從經驗中編織出來的
文本。虛構並不是真實的對立（Clifford, 1986, p.6）。
一則虛構乃是取材自思考、想像、行動或經驗。所有的
解釋都是虛構的，因為解釋必然涉及觀察者或當事人對
事件意義的說明。從某個角度來說，虛構乃是真實的，
但唯有在包含此一虛構的故事當中，才是真實的。凡是
可以被想像的，就是現實的（Sartre, 1948, pp.165-166;
Denzin, 1984a, p.211）。涂漢明的虛構與夢境，以及他
的幻想都是真實的；至少對他來說是真實的。在描寫的、
實在論的存在性民族誌當中，這些乃是唯一的真相。
　　當我們說解釋的乃是虛構的，主要有五個意涵。首

先，解釋的作者必須擺脫錯誤的前見，以免寫出神話的
虛構。其次，作者必須學習實驗各種不同的書寫方式，
而不要陷入主流的實在論，以及側重觀察者觀點的解釋
實在論。第三，作者必須學習傾聽當事人所講述的種種
「真實與虛構的」故事。第四，作者必須學習忠實地傾
聽這些故事——亦即，傾聽這些關於存在性問題經驗的
有意義說明。第五，作者應該多方面實驗各種表現解釋
的方式，包括影片、小說、戲劇、歌曲、音樂、寫詩、
舞蹈、繪畫、攝影、雕塑、陶藝、工匠與建築。每一種
再現的形式都在處理表現與進行解釋的問題。藉著這些
表現手法的實驗，解釋者也擴展了自己的解釋境域。在
這麼做的同時，他（她）也開啓了一扇觀看被研究世界
的解釋窗口。這表示，解釋互動論者必須把自己對生命
的研究指向後現代的歷史時刻。

後現代時期的解釋互動論

「所有的古典社會學家所關心的都是他們時代中的
顯著特色」（Mills, 1959, p.165）。這表示，他們念茲在
茲的無非就是，在他們的歷史時刻中，歷史與人性如何
被塑造。他們關心各種各樣的個人——男人、女人、小
孩——如何生活在他們的歷史時刻裡（Mills, 1959,
p.165）。馬克思（Marx）、韋伯（Weber）、威廉・詹

姆士（William James）、齊美爾（Simmel）、米德（G. H. Mead）、瑪格麗特・米德（Margaret Mead）、貝特森（Gregory Bateson）、衛伯倫（Veblen）、庫利（Cooley）、涂爾幹（Durkheim）、米爾斯（Mills）都在處理這些問題。

至少有四個時期捕捉了人類的歷史：古代、中世紀、現代，以及第四個時期，即後現代時期（Mills, 1959, p.166）。在二十世紀的這最後二十年，我們置身於後現代的時期當中，這個時期乃是始於第二次世界大戰之後。在這時期中，我們看到了跨國企業，衛星傳訊系統，交互依賴的世界經濟，單親家庭，日間托兒所，職業婦女，美洲的「灰色化」，核子毀滅的威脅，環境的破壞危機，生物醫學科技的支配，藥物濫用與酗酒的問題，中東、中美與南非地區的武力對抗。

在後現代時期中，廣告、大眾傳播，尤其電視，以及電腦對人類的生活與經驗的影響力越來越大。在這樣的時代中，大眾傳播定義了人類的問題經驗，賦予了這些經驗的意義。人類經驗與社會關係也變成了商品。當一個人瀏覽星期天報紙上的旅遊版，或旅行套餐等，也就見證了人類經驗的商品化。這是一個充滿了懷舊情愫的時代。當今很多人的生命風格無非就是極端的自利與貪得，加上物質享受的炫耀。同樣顯著則是，個人與社會共同感覺到的巨大焦慮。根據一項文獻指出，每三個美國成人當中，就有一個在接受心理治療，或其他專業的諮商服務。這是一個充滿了個人不安的時代，個人、家庭、性、休閒與工作等經驗都越來越有問題（Bellah et al., 1985）。

在後現代時期當中，解釋互動論所致力的在於，理解這個特定的歷史時刻如何蔓延在每個互動的個人生命。每一個人、每一份關係，都是一個普遍的獨特個體（universal singular），亦即後現代時期之共同主題的獨特事例。每一個人都感受到大眾媒體、疏離、經濟、新的家庭型態與托兒組織的影響力，以及社會世界的日益科技化，乃至於核子毀滅的陰影。解釋互動論所關心的是個人與社會之間的關聯，傳記與社會之間的交織。解釋互動論所要突顯的乃是，個人的苦惱如何變成公共的議題。在致力於發現這層交互關係的同時，解釋互動論也要具體重現，在這個特定的歷史時刻中，日常生活的背後潛藏了那些存在性的、問題性的私人經驗。

解釋者的主要任務無非就是，將原先不可見的東西呈現出來（Merleau-Ponty, 1968）。也就是說，我們所希望捕捉的是日常生活中的個人故事，傾聽他（她）們敘說自己生活中的痛苦、憂悶、情緒經驗、大大小小的勝利、創傷、恐懼、焦慮、夢想、幻想與希望。我們希望讓別人也能聽到這些故事。在此重申本書第 1 章的結論，借用米爾斯和福克納的話：社會學家的聲音應該談論的是，在二十世紀最後這幾年，可怖與輝煌的人類經驗世界。這也是本書的宗旨。

名詞解釋

Account（說明）：對於一組行動或經驗的解說。

Analytic interpretation（分析的解釋）： 應用一個抽象的架構（通常是因果論的架構），去看待一組經驗或事件。這種架構往往是取材自特定的科學理論。

Biographical experience（傳記經驗）： 這種經驗塑造個人的生命，或是關於現實如何在個人的意識中展現（Bruner, 1986, p6）；解釋互動論的研究對象；參見「主題經驗」（problematic experience）。

Biography（傳記）：關於個人生命的文字說明或歷史；或是如何書寫這種說明的藝術。

Bracketing（括號起來）： 把被研究過程中的關鍵要素獨立出來考察。

Capture（捕捉）：取得被研究的現象的事例。

Cause（原因）：對於一組行動或經驗的解說，包括常識和科學的解說。

Contextualizing（脈絡化）：把先前括號起來考察的現象重新放回實際的體驗世界中。

Construction（建構）：這是把現象括號起來考察之後的一個步驟，把現象的關鍵要素依照發生的順序排列；以便進行脈絡化的工作。

Convention（常規）：一種既定的呈現模式，不管是人文的或是科學的；一個常規包括了各種風格。

Cultural studies（文化研究）：文化研究的主題是——特定社會中製造文化的制度（culture-making institutions），及其生產意義的方式；解釋研究的目的，則在於檢視這些製造文化的制度所塑造出來的主題體驗（problematic lived experience）。

Deconstruction（解構）：蒐集關於特定現象的既存研究與描述，並進行批判性的分析與解釋。

Description（描寫）：描述的藝術，以文字描述任何事情；型態包括——深度描寫（thick description）和表面描寫（thin description）。

Descriptive realism（描寫的實在論）：應用被研究世界本身的語言來解釋這個世界；其成果就是對話式或多聲帶的文本。

Dialogic interpretation（對話式的解釋）：經由觀察者和被研究者之間的對話來進行解釋，通常是多重聲音，或多聲帶的（polyphonic）；與此相反的則是獨白式的解釋（monologic interpretation），這種解釋必然壓抑被研究者的聲音。

Engulfing（資訊吸納）：在解釋時，盡量吸納所有已知的相關事物；資訊吸納的過程永遠不可能完全。

Epiphany（主顯節）：在主題經驗中揭示行動者個人特質的時刻，通常標示了個人的生命轉捩點；類型包括——主要的（major）、累積的（cumulation）、次要的（minor）、闡明的（illuminative），以及想像重現的（relived）的主顯節。

Ethnography（民俗誌）：研究實際的體驗，包括描述與解釋。

Expression（表達）：鋪陳與解說個人與互動經驗的方式；經驗的表達是符號性的，包括戲劇、表演、儀式，以及說故事（Bruner, 1986, pp.6-7）。

Existential ethnography（存在性的民俗誌）：這種民俗誌蒐集和研究一般人生活中的主題經驗，或轉捩點經驗。

Feminist critique（女性主義的批判）：在社會世界的核心中找出性別的不平均，包括社會研究的世界；任何知識都有性別的向度；同樣的論點也適用於種族和族裔，這些向度根本塑造了我們的經驗與研究活動。

Fiction（虛構）：從經驗中造出來的故事或敘事；在故事的架構當中，所有的虛構都是真實的；基本上，所有的解釋都是虛構與神話。

Gloss（泛泛而談或泛論）：對現象進行表面的描述或片面的說明；類型包括——日常的泛論，以及科學的泛論。[i]

Hermeneutic circle（解釋學的循環）：所有的解釋都必然陷於解釋學的循環當中；研究者不可能超出解釋的層面，而達到所謂「純粹」客觀的研究。

Ideology（意識型態）：一種關於事物的實然與應然的說法，一般是政治性的；意識型態往往操弄了人們對於自身世界的觀念。

Ideographic research（表意的研究）：這種研究把每個人都視為普遍的獨特個體（universal singular），企圖從內在去研究個人的經驗；又稱內觀的（emic）研究，對立於外觀的（etic）研究（見第 1 章譯註 2），以及尋找普遍通則的法則性的（nomothetic）研究。

Informed reader（消息靈通的讀者）：一個消息靈通的讀者認識故事所使用的語言，以及講述者的生命史，因此能夠採取當事人的觀點，或有過類似的經驗，同時願意為自己的解釋負責，此外，對於適用的解釋理論有豐富的知識。

Interaction（互動）：在象徵的層次上採取別人的觀點，並提出回應；互動永遠是隨機突現的。

Interactional slice（互動的片段）：被記錄下的一則互動序列。

Interactional text（互動的文本）：個人在社會情境中所發生的任何事情。

Interpret（解釋）：解釋或翻譯成通暢易懂的平常語言；解釋的目的在於達成理解。

Interpretation（解釋）：解釋的動作；創造了理解的狀態，包括情緒的或認知的理解，表象的或真切的理解；解釋是一個時序的過程；解釋永遠是符號的；類型包括——表面的、深度的、內部成員的、觀察者的、分析的、獨白的、對白的、多聲帶的、脈絡化描寫的、互動關係的；所有的解釋都應該是關係的、互動的、脈絡的、對話的以及多聲帶的。

Interpreter（解釋者）：為別人做解釋或闡釋意義的人；類型——內部成員的解釋者，科學的解釋者，或是消息靈通的專家。

Interpretive（解釋的）：解釋意義的；解釋或傳達意義的動作。

Interpretive biographical method（解釋的傳記方法）：這種方法應用個人經驗的敘事、自我故事以及個人歷史。

Interpretive evaluation（解釋的評估）：解釋的、自然主義的計畫評估和政策制定，在進行評估的研究時，解釋者應該

採取被服務者的觀點，而非政策當局的立場。

Interpretive interactionalism（解釋互動論）：解釋互動論的觀點在於，闡明當事人的主題符號性互動（problematic symbolic interaction），並賦予意義；在論述當中應該盡量不使用抽象的概念，而使用當事人實際體驗的一般詞彙。

Interpretive process（解釋的過程）：包括六個步驟或階段——推展研究的問題（framing the research question），解構（deconstruction），捕捉（capture），括號起來（bracketing），建構（construction），以及脈絡化（contextualization）。

Interpretive realism（解釋的實在論）：在這種書寫方式當中，作者自認有能力去解釋別人的現實世界；和主流的實在論有密切關聯，通常是獨白式的文本。

Interpretive studies（解釋的研究）：解釋研究的素材乃是具有傳記意義的經驗。

Interpretive theory（解釋的理論）：關於一組經驗的理論、解釋或說明；可能是內部成員的，也可能是科學的。

Issue（議題）：當特定的個人苦惱逐漸引起公眾注意，而成為公共的問題，即形成一個議題。

Life（生命）：一個特定個人的傳記經驗；包括表面或深入的個人生命。

Lived experience（體驗）：實際經驗的世界。

Lay theory（俗家理論）：身歷其境的個人本身對於自身經驗所形成的解釋性說明。

Mainstream realism（主流的實在論）：這種書寫形式企圖「客觀地」報導特定團體的現實世界。

Meaning（意義）：一個經驗對個人所代表的意義，包括意向或結果的意義；意義總是三方面的，包括了個人、客體以及個人針對此一客體所採取的行動；意義是互動的、解釋的、開放的、往往曖昧的、沒有定論的，以及衝突的。

Myth（神話）：一個文本，通常是一個故事，呈現出關於現實的「真相」（truths），往往受到意識型態的影響，可以是左派或右派的；可以是一般人塑造出來的，也可能是專業社會觀察家的大作。

Narrator（敘事者）：說故事的人。

Narrative（敘事）：一個有情節，有開始、過程和結尾的故事。

Naturalism（自然主義）：把研究放置在日常社會經驗的自然世界中，並採用適合這個世界的研究方法。

Participant observation（參與式觀察）：觀察並參與被研究的體驗世界；包括學習這個世界傾聽、觀看和言說的方式。

Personal experience narrative（個人的經驗敘事）：這種故事將敘事者的自我關聯到一組發生過的重大個人經驗。

Personal history（個人歷史）：以訪談、對話以及自我故事或個人經驗敘事爲基礎，重新建構出一個生命的樣態。

Postmodern（後現代）：兩種意義——第一種意義是指第二次世界大戰後的生命，第二種意義則是一種論述的模式，其目的在於書寫後現代時期的生命經驗。

Problematic experience（主題經驗）：個人生命中的危機時刻或主顯節（epiphenies）。

Problematic interaction（主題互動）：這種互動經驗賦予了

主體生命基本的意義。

Progressive-regressive method（前後追溯的方法）：又稱為解釋的批判方法（critical-interpretive method）；首先，在特定的歷史時刻中去理解特定類型的主體，以及主體的行動或經驗後果，然後，再去回溯是怎樣的歷史、文化或個人生命條件，促使了主體去採取這樣的行動，或遭遇這樣的經驗。

Pure interpretation（純粹的解釋）：這種解釋的目的在於，針對社會、文化和個人生命史的主題經驗，建立有意義的解釋與理解。

Reader（讀者）：閱讀、聽聞、觀看和解釋一個文本的人。

Reality（現實）：實際體驗所構成的世界。

Realism（實在論）：文本和實際體驗之間的關係；實在論有三種書寫風格——主流的實在論、解釋的實在論以及描寫的實在論。

Research question（研究問題）：永遠要以「如何」的形式來問，而非「為何」的形式。

Self-story（自我故事）：這種敘事在述說的同時也創造與解釋了經驗的結構；故事的核心則是述說者的自我。

Semiotic analysis（記號學分析）：這種分析在於解讀敘事文本或互動文本中的話語與記號，並闡釋其意義；分析的重點在於文本中基本的語碼（codes）、隱喻（metaphors），以及換喻（metonymies）；根據記號學的分析，文本的結構原則是各種對照（oppositions）（比如男性對照於女性）。任何文本都蘊含了多重的意義與訊息，甚至有相互矛盾的意義共存，記號學的分析有助於揭示文本的多重意義。

Social type（社會典型）：一個人的行爲模式如果代表了某種社會情境的典型，他（她）就可以說是一個社會典型。

Style（風格）：一個特定的書寫或口述常規（convention）包含了許多不同的風格。

Symbolic interaction（符號互動）：人類的互動經驗必須靠語言符號來媒介或傳遞，因此乃是一種符號性的互動。

Temporal mapping（時序構圖）：這種構圖將個人和社會情境連結起來；定位出互動者聚會的情境，並列出事件的時序順序；時間構圖的焦點在於——誰和誰、在什麼時間、什麼地點裡做了些什麼事情。

Text（文本）：任何可以被閱讀、觀看或聆聽的陳述——印刷品、影像、聲音；讀者在閱讀的同時也創造了文本；一個文本的意義乃是無窮盡的；讀者、書寫者以及文本，都受塑於語言、意識型態、神話、歷史、常規以及風格等力量。

Theory（理論）：理論是一種解釋的架構，有助於解釋一組經驗的意義，促進理解；包括常情的理論，以及專業的理論，無論如何，理論的根源都是特定團體的文化理解。

Thick description（深度描寫）：這種描寫要捕捉發生在一個主題情境中的經驗與意義；以豐富、密集與細緻的方式，去記錄意義、意向、歷史、傳記以及所有重要的過程，包括社會關係的、互動的與情境的種種過程；深度描寫乃是解釋和理解的基礎；反之，表面描寫（thin description）只記錄事件；深度描寫的類型包括有——微觀的、鉅觀的／歷史的、傳記的、情境的、關係的、互動的、外來者的、不完整的、泛泛而談的、純描述的、描述性的以及解釋性的。

Thick interpretation（深度解釋）：建立在深度描寫的基礎上；深度解釋的目的在於，引領讀者到相關經驗的核心。

Thin description（表面描寫）：這種描寫不談細節；只簡略記錄所看到的動作，不處理意向的問題，也不處理這些行動的環境因素；只是泛泛而談（gloss）；型態包括——日常的泛論、社會科學的泛論，以及典型的泛論。

Trouble（苦惱）：在個人的生命經驗世界中所發生的難題；而個人的苦惱往往可以被關聯到公共議題，以及公眾或當局對於這些議題的制度性回應；比如，毆妻、強暴、飲酒過量、酗酒、毒癮以及 AIDS 等問題。

Understand（理解）：去了解或捕捉一個被解釋現象的意義，不論是情緒或認知的，或兩者兼具的意義；理解乃是一個互動與情緒的過程，牽涉到互動者共通的經驗，這些經驗可能營造出表象的理解，也可以引領出真切的理解；解釋的目標在於，針對研究的現象，建立起真切以及具有共通性的理解；理解因此必須營造出逼真性（verisimilitude）。

Universal singular（普遍的獨特個體）：雖然每個人的生命都受到許多具有普同性的主題所塑造，但對於這些普遍的主題來說，每個人都活出了獨一無二的事例。

Writer（書寫者）：可以是一個人，也可以是任何行動者或制度，只要創造了一個可以讓別人讀、看或聽的文本；一個書寫者也可稱為作者（author）；一個書寫者／作者可以是一個尋常人，也可能是一個專業人士（比如民俗誌學者、社會學家、人類學家、小說家、畫家等）。

i 【譯註】gloss 主要有兩個意義，一是中性意涵的註解，一是具有負面意涵的掩飾或虛飾。本書的作者採用了後一層意義（見第 4 章的討論）。因此，作為動詞，gloss 可以譯成泛泛而談，兼具虛誇和不實的意涵，作為名詞，則可以譯成泛論，取其泛泛而談的意味。

參考書目

Adler, Patricia A. and Peter Adler. 1987. *Membership Roles in Field Research*. Newbury Park, CA: Sage.

Agar, Michael H. 1986. *Speaking of Ethnography*. Beverly Hills, CA: Sage.

Alcoholics Anonymous. 1953. *Twelve Steps and Twelve Traditions*. New York: Alcoholics Anonymous World Services, Inc.

———. 1957. *Alcoholics Anonymous Comes of Age: A Brief History of A.A.* New York: Alcoholics Anonymous World Services, Inc.

———. 1967. *As Bill Sees It: The A.A. Way of Life—Selected Writings of A.A.'s Co-Founder.* New York: Alcoholics Anonymous World Services, Inc.

———. 1976. *Alcoholics Anonymous.* New York: Alcoholics Anonymous World Services, Inc.

———. 1986. *Eastern United States A.A. Directory.* New York: Alcoholics Anonymous World Services, Inc.

Allport, Gordon W. 1942. *The Use of Personal Documents in Psychological Research.* New York: Social Science Research Council.

Athens, Lonnie H. 1984a. "Blumer's Method of Naturalistic Inquiry: A Critical Examination." Pp. 241-57 in *Studies in Symbolic Interaction.* Vol. 5, edited by N. K. Denzin. Greenwich, CT: JAI Press.

———. 1984b. "Scientific Criteria for Evaluating Qualitative Studies." Pp. 259-68 in *Studies in Symbolic Interaction.* Vol. 5, edited by N. K. Denzin. Greenwich, CT: JAI Press.

Bakhtin, M. M. 1981. *The Dialogic Imagination,* edited by Michael Holquist. Austin: University of Texas Press.

Barthes, Roland. 1967. *Elements of Semiology.* New York: Hill and Wang.

———. 1972. *Mythologies.* New York: Hill and Wang. [Originally published 1957]

———. 1973. *Writing Degree Zero.* New York: Hill and Wang. [Originally published 1953]

Bateson, Gregory. 1972. *Steps to an Ecology of Mind.* San Francisco: Chandler.

———. 1979. *Mind and Nature.* New York: Dutton.

Baudrillard, Jean. 1983. *Simulations.* New York: Semiotext(e), Inc.

Becker, Howard S. 1960. "Notes on the Concept of Commitment." *American Journal of Sociology* 66:32-40.

———. 1964. "Personal Change in Adult Life." *Sociometry* 27:40-53.

———. 1967. "Introduction." Pp. 1-31 in *Social Problems: A Modern Approach,* edited by Howard S. Becker. New York: John Wiley.

———. 1970. *Sociological Work.* Chicago: Aldine.

———. 1973. *Outsiders.* New York: Free Press.

———. 1982. *Art Worlds.* Berkeley: University of California Press.

———. 1986a. *Writing for Social Scientists: How to Start and Finish Your Thesis, Book or Article.* Chicago: University of Chicago Press.

———. 1986b. *Doing Things Together: Selected Papers.* Evanston, IL: Northwestern University Press.

———, Blanche Geer, Everett C. Hughes, and Anselm Strauss. 1961. *Boys in White: Student Culture in Medical School.* Chicago: University of Chicago Press.

Becker, Howard S. and Irving Louis Horowitz. 1986. "Radical Politics and Sociological Observation: Observations on Methodology and Ideology." Pp. 83-102 in *Doing Things Together: Selected Papers*, edited by Howard S. Becker. Evanston, IL: Northwestern University Press.

Bellah, Robert N. et al. 1985. *Habits of the Heart: Individualism and Commitment in American Life*. Berkeley: University of California Press.

Berger, Arthur Asa. 1982. *Media Analysis Techniques*. Beverly Hills, CA: Sage.

Bertaux, Daniel. 1981a. "Introduction." Pp. 5-15 in *Biography and Society: The Life History Approach in the Social Sciences*, edited by D. Bertaux. Beverly Hills, CA: Sage.

————. 1981b. "From the Life-History Approach to the Transformation of Sociological Practice." Pp. 29-46 in *Biography and Society: The Life History Approach in the Social Sciences*, edited by D. Bertaux. Beverly Hills, CA: Sage.

———— and Isabelle Bertaux-Wiame. 1981. "Life Stories in the Bakers' Trade." Pp. 169-90 in *Biography and Society: The Life History Approach in the Social Sciences*, edited by Daniel Bertaux. Beverly Hills, CA: Sage.

Bertaux-Wiame, Isabelle. 1981. "The Life History Approach to the Study of Internal Migration." Pp. 249-66 in *Biography and Society: The Life History Approach in the Social Sciences*, edited by Daniel Bertaux. Beverly Hills, CA: Sage.

Blumer, Herbert. 1937. "Social Psychology." Pp. 36-72 in *Man and Society*, edited by Emerson P. Schmidt. New York: Prentice-Hall.

————. 1969. *Symbolic Interactionism*. Englewood Cliffs, NJ: Prentice-Hall.

Bottomore, Tom. 1984. *The Frankfurt School*. London: Tavistock.

Brown, Stephanie. 1985. *Treating the Alcoholic: A Developmental Model of Recovery*. New York: John Wiley.

Bruner, Edward M. 1986. "Experience and Its Expressions." Pp. 3-30 in *The Anthropology of Experience*, edited by Victor W. Turner and Edward M. Bruner. Urbana: University of Illinois Press.

Caddy, G. R., H. J. Addington, and D. Perkins. 1978. "Individualized Behavior Therapy for Alcoholics: A Third Year Independent Double-Bind Follow-Up." *Behavior Research and Therapy* 16:345-62.

Cavan, Sheri. 1974. "Seeing Social Structure in a Rural Setting." *Urban Life and Culture* 3:329-46.

Cho, Joo, Hyun. 1987. "A Social Phenomenological Understanding of Family Violence: The Case of Korea." Ph.D. dissertation, University of Illinois, Urbana, Department of Sociology.

————. 1988. *Battered Wives: Violence and Ressentiment in the Korean Family*. New York: Aldine de Gruyter.

Clifford, James. 1986. "Introduction: Partial Truths." Pp. 1-26 in *Writing Culture: The Poetics and Politics of Ethnography*, edited by James Clifford and George E. Marcus. Berkeley: University of California Press.

Clifford, James and George E. Marcus, eds. 1986. *Writing Culture: The Poetics and Politics of Ethnography*. Berkeley: University of California Press.

Coleridge, S. T. 1973. "Biographia Literaria." In *Major British Poets of the Romantic Period*, edited by W. Heath. New York: Macmillan. [Originally published 1817]

Collins, Randall. 1975. *Conflict Sociology: Toward an Explanatory Science*. New York: Academic Press.

Cook, Judith A. and Mary Margaret Fonow. 1986. "Knowledge and Women's Interests: Issues of Epistemology and Methodology in Feminist Sociological Research." *Sociological Inquiry* 56(Winter):2-29.

Couch, Carl J. 1984. *Constructing Civilizations.* Greenwich, CT: JAI Press.

———. Forthcoming. "Towards the Isolation of Elements of Social Structures." In *Studies in Symbolic Interaction,* Vol. 10. Greenwich, CT: JAI Press.

———, Stanley L. Saxton, and Michael A. Katovich, eds. 1986a. *Studies in Symbolic Interaction.* Supplement 2: *The Iowa School, Part A.* Greenwich, CT: JAI Press.

———. 1986b. *Studies in Symbolic Interaction.* Supplement 2: *The Iowa School, Part B.* Greenwich, CT: JAI Press.

Cowley, Malcolm, ed. 1967. "Introduction." In *The Portable Faulkner Reader,* revised and expanded edition. New York: Viking. [Originally published 1945]

Crapanzano, Vincent. 1980. *Tuhami: Portrait of a Moroccan.* Chicago: University of Chicago Press.

———. 1986. "Heremes' Dilemma: The Masking of Subversion in Ethnographic Description." Pp. 51-76 in *Writing Culture: The Poetics and Politics of Ethnography,* edited by James Clifford and George E. Marcus. Berkeley: University of California Press.

Culler, Jonathan. 1981. *The Pursuit of Signs: Semiotics, Literature, Deconstruction.* Ithaca, NY: Cornell University Press.

Davies, D. L. 1962. "Normal Drinking in Recovered Alcoholics." *Quarterly Journal of Studies on Alcohol* 23:94-104.

Denzin, Norman K. 1977. "Notes on the Criminogenic Hypothesis: A Case Study of the American Liquor Industry." *American Sociological Review* 42:905-20.

———. 1978. *The Research Act: A Theoretical Introduction to Sociological Methods.* 2nd edition. New York: McGraw-Hill. [Originally published 1970]

———. 1982a. "Contributions of Anthropology and Sociology to Qualitative Research Methods." Pp. 17-26 in *New Directions for Institutional Research: Qualitative Methods for Institutional Research,* edited by E. Kuhns and S. V. Martona. San Francisco: Jossey-Bass.

———. 1982b. "Notes on Criminology and Criminality." Pp. 115-30 in *Rethinking Criminology,* edited by H. E. Pepinsky. Beverly Hills, CA: Sage.

———. 1983. "Interpretive Interactionism." Pp. 129-46 in *Beyond Method: Strategies for Social Research,* edited by Gareth Morgan. Beverly Hills, CA: Sage.

———. 1984a. *On Understanding Emotion.* San Francisco: Jossey-Bass.

———. 1984b. "Toward a Phenomenology of Domestic, Family Violence." *American Journal of Sociology* 90(November):483-513.

———. 1986a. "Interpreting the Lives of Ordinary People: Sartre, Heidegger, Faulkner." *Life Stories/ Recits de vie* 2:6-20.

———. 1986b. "Interpretive Interactionism and the Use of Life Histories." *Revista Internacional de Sociologia* 44:321-37.

———. 1987a. *The Alcoholic Self.* Beverly Hills, CA: Sage.

———. 1987b. *The Recovering Alcoholic.* Beverly Hills, CA: Sage.

———. 1987c. "On Semiotics and Symbolic Interaction." *Symbolic Interaction* 10(Spring):1-20.

———. 1987d. *Treating Alcoholism.* Beverly Hills, CA: Sage.

———. 1988. "Blue Velvet: Postmodern Contradictions." *Theory, Culture and Society* 5:461-73.

————. Forthcoming-a. *The Research Act*. Englewood Cliffs, NJ: Prentice-Hall.

————. Forthcoming-b. *Film and the American Alcoholic*. New York: Aldine de Gruyter.

————. Forthcoming-c. "Tender Mercies: Two Interpretations." *Sociological Quarterly* 30.

Derrida, Jacques. 1981. *Positions*. Chicago: University of Chicago Press.

Dilthey, W. L. 1976. *Selected Writings*. Cambridge: Cambridge University Press. [Originally published 1900]

Dolby-Stahl, Sandra K. 1985. "A Literary Folkloristic Methodology for the Study of Meaning in Personal Narrative." *Journal of Folklore Research* 22(January-April):45-70.

Dostoyevsky, Fyodor. 1950. *Crime and Punishment*. New York: Vintage. [Originally published 1864]

Dougherty, Janet W. D. 1985. "Introduction." Pp. 3-14 in *Directions in Cognitive Anthropology*, edited by J.W.D. Dougherty. Urbana: University of Illinois Press.

Douglas, Jack D. 1976. *Investigative Social Research: Individual and Team Field Research*. Beverly Hills, CA: Sage.

————. 1985. *Creative Interviewing*. Beverly Hills, CA: Sage.

———— and John M. Johnson, eds. 1977. *Existential Sociology*. New York: Cambridge University Press.

Farberman, Harvey A. 1975. "A Criminogenic Market Structure: The Automobile Industry." *Sociological Quarterly* 6:438-57.

———— and R. S. Perinbanayagam, eds. 1985. *Studies in Symbolic Interaction*. Supplement 1: *1985 Foundations of Interpretive Sociology; Original Essays in Symbolic Interaction*. Greenwich, CT: JAI Press.

Farganis, Sondra. 1986. "Social Theory and Feminist Theory: The Need for Dialogue." *Sociological Inquiry* 56(Winter):50-68.

Faris, Robert E.L. 1967. *Chicago Sociology: 1920-1932*. San Francisco: Chandler.

Faulkner, William. 1940. *The Hamlet*. New York: Vintage.

————. 1957. *The Town*. New York: Vintage.

————. 1959. *The Mansion*. New York: Vintage.

————. 1967. "Address Upon Receiving the Nobel Prize for Literature." Pp. 723-24 in *The Portable Faulkner*, revised and expanded edition, edited by M. Cowley. New York: Viking.

Fielding, Nigel G. and Jane L. Fielding. 1986. *Linking Data*. Beverly Hills, CA: Sage.

Fish, Stanley. 1980. *Is There a Text in This Class?* Cambridge, MA: Harvard University Press.

Foucault, Michel. 1979. *Discipline and Punish: The Birth of the Prison*. New York: Vintage.

————. 1980. *Power/Knowledge: Selected Interviews and Other Writings: 1972-1977*. New York: Pantheon.

————. 1982. "Afterword: The Subject and Power." Pp. 222-36 in *Michel Foucault: Beyond Structuralism and Hermeneutics*, edited by H. Dreyfus and P. Rabinow. Chicago: University of Chicago Press.

Freud, Sigmund. 1965. *The Interpretation of Dreams*. New York: Avon. [Originally published 1900]

Gadamer, H. G. 1975. *Truth and Method*. London: Sheed and Ward.

————. 1976. *Philosophical Hermeneutics*. Berkeley: University of California Press.

Garfinkel, Harold. 1967. *Studies in Ethnomethodology*. Englewood Cliffs, NJ: Prentice-Hall.

———, M. Lynch, and E. Livingston. 1981. "The Work of a Discovering Science Constructed with Material from the Optically Discovered Pulsar." *Philosophy of the Social Sciences* 1:131-58.

Garrow, David J. 1986. *Bearing the Cross: Martin Luther King, Jr., and the Southern Christian Leadership Conference*. New York: William Morrow.

Geertz, Clifford. 1973. "Deep Play: Notes on the Balinese Cockfight." Pp. 412-53 in *The Interpretation of Cultures*. New York: Basic Books. [Originally published in *Daedalus* 101:1-37]

———. 1983. *Local Knowledge: Further Essays in Interpretive Anthropology*. New York: Basic Books.

———. 1988. *Works and Lives: The Anthropologist as Author*. Stanford, CA: Stanford University Press.

Giddens, Anthony. 1985. *The Constitution of Society*. Berkeley: University of California Press.

Goffman, Erving. 1959. *The Presentation of Self in Everyday Life*. New York: Doubleday.

———. 1961a. *Asylums*. New York: Doubleday.

———. 1961b. *Encounters*. Indianapolis: Bobbs-Merrill.

———. 1967. *Interaction Ritual*. New York: Doubleday.

———. 1971. *Relations in Public*. New York: Basic Books.

———. 1974. *Frame Analysis*. New York: Harper.

———. 1981. *Forms of Talk*. Philadelphia: University of Pennsylvania Press.

———. 1983. "The Interaction Order." *American Sociological Review* 48:1-17.

Gold, Raymond. 1958. "Roles in Sociological Field Observations." *Social Forces* 36:217-23.

Gordon, Gerald and Edward V. Morse. 1975. "Evaluation Research." *Annual Review of Sociology* 1:339-61.

Habermas, Jürgen. 1984. *The Theory of Communicative Action*. Vol. 1, *Reason and the Rationalization of Society*. Boston: Beacon. [Originally published 1981]

Hall, Peter M. 1985. "Asymmetric Relationships and the Process of Power." Pp. 307-44 in *Foundations of Interpretive Sociology: Original Essays in Symbolic Interaction*, edited by H. Farberman and R. S. Perinbanayagam. Greenwich, CT: JAI Press.

Hall, Stuart. 1980. "Cultural Studies and the Centre: Some Problematics and Problems." Pp. 1-49 in *Culture, Media and Language: Working Papers in Cultural Studies, 1972-1979*, edited by S. Hall et al. London: Hutchinson.

Heidegger, Martin. 1962. *Being and Time*. New York: Harper & Row. [Originally published 1927]

———. 1982. *The Basic Problems of Phenomenology*. Bloomington: Indiana University Press.

Henry, Jules. 1965. *Culture Against Man*. New York: Vintage.

Heyl, Barbara Sherman. 1979. *The Madam as Entrepreneur: Career Management in House Prostitution*. New Brunswick, NJ: Transaction.

House, Ernest W. 1980. *Evaluating With Validity*. Beverly Hills, CA: Sage.

Howe, Richard Herbert. 1984. "Early Office Proletariat? A Reconstruction of Sears' Order Processing—1910." Pp. 155-70 in *Studies in Symbolic Interaction: A Research Annual*. Vol. 5, edited by N. K. Denzin. Greenwich, CT: JAI Press.

Husserl, E. 1962. *Ideas: General Introduction to Pure Phenomenology*. New York: Collier. [Originally published 1913]

James, William. 1950. *The Principles of Psychology.* New York: Dover. [Originally published 1890]

———. 1955. *Pragmatism and Four Essays from the Meaning of Truth.* New York: Humanities Press.

Jansen, Golicaa G. 1988. "I Learned It from Real Life: Perspectives on Work and Self of Female Southeast Asian Paraprofessional Adjustment Workers." Ph.D. dissertation, University of Illinois, Urbana-Champaign, School of Social Work.

Jellinek, E. M. 1962. "Phases of Alcohol Addiction." Pp. 356-68 in *Society, Culture and Drinking Patterns,* edited by D. J. Pittman and C. R. Snyder. New York: John Wiley.

Johnson, John M. 1975. *Doing Field Research.* New York: Free Press.

———. 1977. "Ethnomethodology and Existential Sociology." Pp. 153-73 in *Existential Sociology,* edited by Jack D. Douglas and John M. Johnson. New York: Cambridge University Press.

——— and Kathleen J. Ferraro. 1984. "The Victimized Self: The Case of Battered Women." Pp. 119-30 in *The Existential Self in Society,* edited by Joseph A. Kotarba and Andrea Fontana. Chicago: University of Chicago Press.

Jordan, Glenn H. 1987. "On Subjects and Objects and Intertextuality: A Dialogue with Howard Spring and 'the New Cultural Anthropology."' Presented to the 86th Annual Meeting of the American Anthropological Association, Chicago, November 25.

Joyce, James. 1976. "Dubliners." In *The Portable James Joyce,* edited by Harry Levin. New York: Penguin.

Kafka, Franz. 1952. *Selected Short Stories of Franz Kafka.* New York: Random House.

Kakutani, Michiko. 1987. "John Huston's Last Legacy." *New York Times* (Sunday, December 13): 1, 50.

Katovich, Michael A., Stanley L. Saxton, and Joel O. Powell. 1986. "Naturalism in the Laboratory." Pp. 79-88 in *Studies in Symbolic Interaction.* Supplement 2: *The Iowa School, Part A.* Greenwich, CT: JAI Press.

Klapp, Orrin E. 1964. *Symbolic Leaders: Public Dramas and Public Men.* Chicago: Aldine.

Kotarba, Joseph A. and Andrea Fontana, eds. 1984. *The Existential Self in Society.* Chicago: University of Chicago Press.

Kurtz, Ernest. 1979. *Not-God: A History of Alcoholics Anonymous.* Center City, MN: Hazelden Educational Materials.

Laing, R. D. 1965. *The Divided Self: An Existential Study in Sanity and Madness.* Harmondsworth, England: Penguin.

Leach, Barry and John L. Norris. 1977. "Factors in the Development of Alcoholics Anonymous (A.A.)." Pp. 441-519 in *The Biology of Alcoholism.* Vol. 5, *Treatment and Rehabilitation of the Chronic Alcoholic,* edited by Benjamin Kissin and Henri Beglieter. New York: Plenum.

Levin, Harry, ed. 1976. "Editor's Preface." Pp. 1-18 in *The Portable James Joyce.* New York: Penguin.

Lieberson, Stanley. 1985. *Making It Count: The Improvement of Social Theory and Research.* Berkeley: University of California Press.

Lincoln, Yvonne A. and Egon G. Guba. 1985. *Naturalistic Inquiry.* Beverly Hills, CA: Sage.

Lindesmith, Alfred R. 1947. *Opiate Addiction.* Bloomington, IN: Principia Press.

———. 1952. "Comment on W. S. Robinson's 'The Logical Structure of Analytic Induction."' *American Sociological Review* 17:492-93.

————, Anselm L. Strauss, and Norman K. Denzin. 1988. *Social Psychology*. Englewood Cliffs, NJ: Prentice-Hall.

Lofland, John. 1971. *Analyzing Social Settings*. Belmont, CA: Wadsworth.

———— and Lyn H. Lofland. 1984. *Analyzing Social Settings*. Belmont, CA: Wadsworth.

Lyotard, Jean-Francois. 1984. *The Postmodern Condition: A Report on Knowledge*. Minneapolis: University of Minnesota Press.

Madsen, William. 1974. *The American Alcoholic*. Springfield, IL: Charles C Thomas.

Majchrzak, Ann. 1984. *Methods for Policy Research*. Beverly Hills, CA: Sage.

Manning, Peter K. 1987. *Semiotics and Fieldwork*. Newbury Park, CA: Sage.

————. 1988. "Semiotics and Social Psychology." *Studies in Symbolic Interaction* 9(Part A):153-80.

Marcus, George E. and Michael M.J. Fischer. 1986. *Anthropology as Cultural Critique: An Experimental Moment in the Human Sciences*. Chicago: University of Chicago Press.

Marx, Karl. 1983. "From the Eighteenth Brumaire of Louis Bonaparte." Pp. 287-323 in *The Portable Karl Marx*, edited by E. Kamenka. New York: Penguin. [Originally published 1852]

Maxwell, Milton A. 1984. *The Alcoholics Anonymous Experience: A Close-Up View for Professionals*. New York: McGraw-Hill.

Mead, George Herbert. 1934. *Mind, Self and Society*. Chicago: University of Chicago Press.

Mellow, Nancy K. 1972. "Behavioral Studies of Alcoholism." Pp. 219-92 in *The Biology of Alcoholism*. Vol. 2, *Physiology and Behavior*, edited by Benjamin Kissin and Henri Beglieter. New York: Plenum.

Merleau-Ponty, Maurice. 1962. *The Phenomenology of Perception*. Atlantic Highlands, NJ: Humanities Press.

————. 1964. *The Primacy of Perception*. Evanston, IL: Northwestern University Press.

————. 1968. *The Visible and the Invisible*. Evanston, IL: Northwestern University Press.

————. 1973a. *The Prose of the World*. Evanston, IL: Northwestern University Press.

————. 1973b. *Adventures of the Dialectic*. Evanston, IL: Northwestern University Press.

Merton Robert K. and Patricia Kendall. 1946. "The Focused Interview." *American Journal of Sociology* 51:541-57.

Mills, C. Wright. 1959. *The Sociological Imagination*. New York: Oxford University Press.

Mulford, Harold. 1986. "The Alcohol Problem: The Doctor Has Arrived, Now What?" Presented to the 1986 Annual Meetings of the Midwest Sociological Association, Des Moines, Iowa, March 29.

Nelson, Cary, ed. 1986. *Theory in the Classroom*. Urbana: University of Illinois Press.

Pattison, E. Mansell. 1966. "A Critique of Alcoholism Treatment Concepts." *Quarterly Journal of Studies on Alcohol* 27:49-71.

————, E. B. Headley, G. C. Gleser, and L. A. Gottschalk. 1968. "Abstinence and Normal Drinking: An Assessment of Changes in Drinking Patterns in Alcoholics After Treatment." *Quarterly Journal of Studies on Alcohol* 29:610-33.

Patton, Michael Quinn. 1980. *Qualitative Evaluation Methods*. Beverly Hills, CA: Sage.

————. 1981. *Creative Evaluation*. Beverly Hills, CA: Sage.

————. 1982. *Practical Evaluation*. Beverly Hills, CA: Sage.

Peirce, Charles Sanders. 1934. *Collected Papers of Charles Sanders Peirce*, Vols. 5 and 6. Cambridge, MA: Harvard University Press.

————. 1963. *Collected Papers of Charles Sanders Peirce*. Vols. 7 and 8. Cambridge, MA: Harvard University Press.

Pendery, Mary L., Irving M. Maltzman, and L. Jolyn West. 1982. "Controlled Drinking by Alcoholics: New Findings and a Reevaluation of a Major Affirmative Study." *Science* 217:169-75.

Perinbanayagam, R. S. 1985. *Signifying Acts*. Carbondale: Southern Illinois University Press.

Pike, Kenneth. 1954. *Language in Relation to an Unified Theory of the Structure of Human Behavior*. Vol. 1. Glendale, CA: Summer Institute of Linguistics.

Plummer, Ken. 1983. *Life Documents*. London: Unwin.

Rabinow, Paul. 1986. "Representations Are Social Facts: Modernity and Post-Modernity in Anthropology." Pp. 234-61 in *Writing Culture: The Poetics and Politics of Ethnography*, edited by James Clifford and George E. Marcus. Berkeley: University of California Press.

Rail, Genevieve. Forthcoming. "A Phenomenological Study of Physical Contact in Women's Varsity Basketball." Ph.D. dissertation, University of Illinois, Urbana-Champaign, Department of Kinesiology.

Raines, Howell. 1986. "Review of *Bearing the Cross: Martin Luther King Jr. and the Southern Christian Leadership Conference* [by David J. Garrow]." *New York Review of Books* (November 30): 133-34.

Ricoeur, Paul. 1979. "The Model of the Text: Meaningful Action Considered as a Text." Pp. 73-101 in *Interpretive Social Science: A Reader*, edited by Paul Rabinow and William M. Sullivan. Berkeley: University of California Press.

————. 1985. *Time and Narrative*. Vol. 2. Chicago: University of Chicago Press.

Rosaldo, Renato. 1984. "Grief and a Headhunter's Rage: On the Cultural Force of Emotions." Pp. 178-98 in *Text, Play, and Story: The Construction and Reconstruction of Self and Society*, edited by Edward M. Bruner. Washington, DC: American Ethnological Society.

————. 1986. "Ilongot Hunting as Story and Experience." Pp. 97-138 in *The Anthropology of Experience*, edited by Victor W. Turner and Edward M. Bruner. Urbana: University of Illinois Press.

Rose, Edward. 1988. "The Gloss: An Elementary Form of Social Life." Presented to the 1988 Annual Meetings of the Midwest Sociological Society, Minneapolis, Minnesota, March 25.

Rubington, Earl. 1973. *Alcohol Problems and Social Control*. Columbus, OH: Charles E. Merrill.

Rudy, David. 1986. *Becoming an Alcoholic*. Carbondale: Southern Illinois University Press.

Ryle, Gilbert. 1968. *The Thinking of Thoughts*. University Lectures, no. 18. Saskatoon: University of Saskatchewan.

Sartre, Jean-Paul. 1948. *The Psychology of Imagination*. New York: Philosophical Library.

————. 1956. *Being and Nothingness*. New York: Philosophical Library. [Originally published 1943]

————. 1963. *Search for a Method*. New York: Knopf.

————. 1972. *Imagination: A Psychological Critique*. Ann Arbor: University of Michigan Press. [Originally published 1940]

————. 1976. *Critique of Dialectical Reason*. London: NLP.

————. 1981. *The Family Idiot: Gustave Flaubert, 1821-1857*. Vol. 1. Chicago: University of Chicago Press.

Saussure, F. de. 1959. *The Course in General Linguistics*. New York: McGraw-Hill.

Schatzman, Leonard and Anselm L. Strauss. 1973. *Field Research: Strategies for a Natural Sociology*. Englewood Cliffs, NJ: Prentice-Hall.

Scheler, Max. 1961. *Ressentiment*, edited by L. Coser, translated by W. H. Holdeim. New York: Free Press. [Originally published 1912]

Schuckit, Marc and Jane Duby. 1983. "Alcoholism in Women." Pp. 215-42 in *The Biology of Alcoholism*. Vol. 6, *Psychological Factors*, edited by Benjamin Kissin and Henri Begleiter. New York: Plenum.

Schutz, Alfred. 1962. *Collected Papers*. Vol. 1, *The Problem of Social Reality*. The Hague, the Netherlands: Martinus Nijhoff.

————. 1964. *Collected papers*. Vol. 2, *Studies in Social Theory*. The Hague, the Netherlands: Martinus Nijhoff.

Shaw, Clifford. 1966. *The Jack-Roller*. Chicago: University of Chicago Press.

Silverman, David. 1985. *Qualitative Methodology & Sociology: Describing the Social World*. Hants, England, and Brookfield, VT: Gower.

Sobell, Linda, Mark B. Sobell, and Elliot Ward. 1980. *Evaluating Alcohol and Drug Abuse Treatment Effectiveness: Recent Advances*. New York: Pergamon.

Sobell, Mark B. and Linda C. Sobell. 1978. *Behavioral Treatment of Alcohol Problems: Individualized Therapy and Controlled Drinking*. New York: Plenum.

Stake, Robert E. 1978. "The Case-Study Method of Social Inquiry." *Educational Researcher* 7:5-8.

————. 1986. *Quieting Reform: Social Science and Social Action in an Urban Youth Program*. Urbana: University of Illinois Press.

Stone, Brad L. 1985. "Interpretive Sociology and the New Hermeneutics." Pp. 3-29 in *Studies in Symbolic Interaction: A Research Annual*. Vol. 6, edited by N. K. Denzin. Greenwich, CT: JAI Press.

Stone, Gregory P. 1981. "Appearance and the Self: A Slightly Revised Version." Pp. 187-202 in *Social Psychology Through Symbolic Interaction*, edited by G. P. Stone and H. A. Farberman. New York: John Wiley.

Strauss, Anselm L. 1959. *Mirrors and Masks: The Search for Identity*. Glencoe, IL: Free Press.

————. 1987. *Qualitative Analysis for Social Scientists*. New York: Cambridge University Press.

———— and Barney G. Glaser. 1970. *Anguish: A Case History of a Dying Trajectory*. Mill Valley, CA: Sociology Press.

Sudnow, David. 1978. *Ways of the Hand*. New York: Knopf.

————. 1979. *Talk's Body*. New York: Knopf.

Thomas, Dylan. 1964. *Adventures in the Skin Trade and Other Stories*. New York: New Directions. [Originally published 1938]

Thomas, W. I. and Florian Znaniecki. 1918-20. *The Polish Peasant in Europe and America*. 5 Vols. Boston: Richard G. Badger. [Vols. 1 and 2 originally published by the University of Chicago Press, 1918]

Thompson, Paul. 1978. *Voices of the Past: Oral History*. Oxford: Oxford University Press.

Tiebout, Harry M. 1944. "Therapeutic Mechanisms in Alcoholics Anonymous." *American Journal of Psychiatry* 100:468-73.

————. 1954. "The Ego Factor in Surrender to Alcoholism." *Quarterly Journal of Studies on Alcohol* 15:610-21.

Titon, Jeff Todd. 1980. "The Life Story." *Journal of American Folklore* 93(July-September):276-92.

Tompkins, Jane P., ed. 1980. *Reader-Response Criticism.* Baltimore: Johns Hopkins University Press.

Travisano, Richard. 1985. "Alternation and Conversion as Qualitatively Different Transformation." Pp. 237-48 in *Social Psychology Through Symbolic Interaction*, edited by G. P. Stone and H. A. Farberman. New York: John Wiley.

Treichler, Paula, ed. 1985. *For Alma Mater: Theory and Practice in Feminist Scholarship.* Urbana: University of Illinois Press.

Turner, Victor W. 1986. "Dewey, Dilthey, and Drama: An Essay in the Anthropology of Experience." Pp. 33-44 in *The Anthropology of Experience*, edited by Victor W. Turner and Edward M. Bruner. Urbana: University of Illinois Press.

———— and Edward M. Bruner, eds. 1986. *The Anthropology of Experience.* Urbana: University of Illinois Press.

Vaughan, Diane. 1986. *Uncoupling: Turning Points in Intimate Relationships.* New York: Oxford University Press.

Weber, Max. 1977. *Critique of Stammler.* New York: Free Press.

Wiley, Norbert. 1986. "Early American Sociology and The Polish Peasant." *Sociological Theory* 4:20-39.

Wittgenstein, Ludwig. 1922. *Tractacus Logico-Philosophicus.* London: Routledge & Kegan Paul.

Yin, Robert K. 1985. *Case Study Research.* Beverly Hills, CA: Sage.

索引

A

B

C

D

I

P

R

S

T

U

V

W

關於作者

　　本書作者 Norman K. Denzin 教授任教於美國伊利諾大學鄂本娜——香檳分校（University of Illinois at Urbana-Champaign）的社會學與人文學系。他的學士學位（1963）和社會學博士學位則都在愛荷華大學（University of Iowa）完成。Denzin 教授的主要研究領域和研究興趣包括童年社會化、語言研究、自我、互動、解釋理論以及現象學等等。他曾經擔任「符號互動研究學會」（the Society for the Study of Symbolic Interaction）的副會長（1976-1977）、「美國社會學協會社會心理學組」（the Social Psychology Section of the American Sociological Association）的祕書長（1978-1980），並於1987 年獲選為「中西部社會學學會」（the Midwest Sociological Society）的會長。他的著作包括：《社會心理學》（Social Psychology，1988；與 A. Lindesmith 及 S. Strauss 合著，第六版）、《社會學研究法》（Sociological Methods, 1978）、《做研究》（The Research Act, 1989，第三版）、《童年社會化》（Childhood Socialization, 1977）、

《兒童及其照顧者》（Children and Their Caretakers, 1973）、《社會科學的價值》（The Values of Social Science, 1973）、《精神病患》（The Mental Patient, 1968；與 S. P. Spitzer 合著）、《如何了解情緒》（On Understanding Emotion, 1984）、《戒酒者》（The Recovering Alcoholic, 1987）、《酗酒者的自我》（The Alcoholic Self, 1987），以及本書（1989）。其中，《酗酒者的自我》更曾於 1988 年榮獲「符號互動研究學會」所頒發的「查爾士·霍頓·庫利獎」（the Charles Horton Cooley award）。他也是《符號互動研究：研究年鑑》（Studies in Symbolic Interaction: A Research Annual）的主編。此外，他已經在《美國社會學期刊》（American Journal of Sociology）、《美國社會學評論》（American Sociological Review）、《英國社會學期刊》（British Journal of Sociology）、《記號學》（Semiotica）、《社會力》（Social Forces）、《社會問題》（Social Problems）及《社會學季刊》（Sociological Quarterly）等知名學術刊物上，共計發表超過五十篇以上的學術論文。

弘智文化事業出版品一覽表

弘智文化事業有限公司的使命是：

出版優質的教科書與增長智慧的軟性書。

心理學系列叢書

1.　《社會心理學》

2.　《金錢心理學》

3.　《教學心理學》

4.　《健康心理學》

5.　《心理學：適應環境的心靈》

社會學系列叢書

1.　《社會學：全球觀點》

2.　《教育社會學》

社會心理學系列叢書

1.　《社會心理學》

2.　《金錢心理學》

教育學程系列叢書

1.　《教學心理學》

2.　《教育社會學》

3.　《教育哲學》

4.　《教育概論》

5.　《教育人類學》

心理諮商與心理衛生系列叢書

1. 《生涯諮商：理論與實務》
2. 《追求未來與過去：從來不知道我還有其他的選擇》
3. 《夢想的殿堂：大學生完全手冊》
4. 《健康心理學》
5. 《問題關係解盤：專家不希望你看的書》
6. 《人生的三個框框：如何掙脫它們的束縛》
7. 《自己的創傷自己醫：上班族的職場規劃》
8. 《忙人的親子遊戲》

生涯規劃系列叢書

1. 《人生的三個框框：如何掙脫它們的束縛》
2. 《自己的創傷自己醫：上班族的職場規劃》
3. 《享受退休》

How To 系列叢書

1. 《心靈塑身》
2. 《享受退休》
3. 《愛侶寶鑑》
4. 《擁抱性福》
5. 《協助過動兒》
6. 《經營第二春》
7. 《照護年老的雙親》
8. 《積極人生十撇步》
9. 《在壓力中找力量》
10. 《賭徒的救生圈：不賭其實很容易》
11. 《忙人的親子遊戲》

企業管理 系列叢書

1. 《生產與作業管理》
2. 《企業管理個案與概論》
3. 《管理概論》
4. 《管理心理學：平衡演出》
5. 《行銷管理：理論與實務》
6. 《財務管理：理論與實務》
7. 《在組織中創造影響力》
8. 《國際企業管理》
9. 《國際財務管理》
10. 《國際企業與社會》
11. 《全面品質管理》
12. 《策略管理》

管理決策 系列叢書

1. 《確定情況下的決策》
2. 《不確定情況下的決策》
3. 《風險管理》
4. 《決策資料的迴歸與分析》

全球化與地球村 系列叢書

1. 《全球化：全人類面臨的重要課題》
2. 《文化人類學》
3. 《全球化的社會課題》
4. 《全球化的經濟課題》
5. 《全球化的政治課題》
6. 《全球化的文化課題》

7. 《全球化的環境課題》

8. 《全球化的企業經營與管理課題》

應用性社會科學調查研究方法系列叢書

1. 《應用性社會研究的倫理與價值》

2. 《社會研究的後設分析程序》

3. 《量表的發展：理論與應用》

4. 《改進調查問題：設計與評估》

5. 《標準化的調查訪問》

6. 《研究文獻之回顧與整合》

7. 《參與觀察法》

8. 《調查研究方法》

9. 《電話調查方法》

10. 《郵寄問卷調查》

11. 《生產力之衡量》

12. 《抽樣實務》

13. 《民族誌學》

14. 《政策研究方法論》

15. 《焦點團體研究法》

16. 《個案研究法》

17. 《審核與後設評估之聯結》

18. 《醫療保健研究法》

19. 《解釋性互動論》

20. 《事件史分析》

瞭解兒童的世界系列叢書

1. 《替兒童作正確的決策》

觀光、旅遊、休憩系列叢書

1.　《餐旅服務業與觀光行銷學》

資訊管理系列叢書

1.　《電腦網路與網際網路》

2.　《網路廣告》

統計學系列叢書

1.　《統計學》

衍生性金融商品系列叢書

1.　《期貨》

2.　《選擇權》

3.　《財務風險管理》

4.　《新興金融商品》

5.　《外匯操作》

解釋性互動論

原　　著 / Norman K. Denzin
譯　　者 / 張君玟
校 閱 者 / 孫中興
執行編輯 / 古淑娟
出 版 者 / 弘智文化事業有限公司
登 記 證 / 局版台業字第 6263 號
總 經 銷 / 揚智文化事業股份有限公司
地　　址 / 台北縣深坑鄉北深路三段 260 號 8 樓
電　　話 / （02）8662-6826．8662-6810
傳　　真 / （02）2664-7633
E-mail / service@ycrc.com.tw
製　　版 / 信利印製有限公司
ISBN / 957-97071-6-6
版　　次 / 2005 年 06 月初版二刷
定　　價 / 250 元
弘智文化出版品進一步資訊歡迎至網站瀏覽：
http:// www.ycrc.com.tw

國家圖書館出版品預行編目資料

解釋性互動論 / Norman K. Denzin 著, 張君玫譯.
 --初版. --台北市：弘智文化；1999〔民 88〕
 冊：　公分（應用社會科學調查研究方法系列叢書；19）
 參考書目：面；含索引
 譯自：Interpretive Interactionism
 ISBN　957-97910-6-6（平裝）

1. 社會學—研究方法　　2. 社會關係

 540.1　　　　　　　　　　　　　　88015531